Ute Braun

Mein Kräutersommer

Ute Braun

Mein Kräutersommer
Neue Geschichten, Erlebnisse und Rezepte von der Alphirtin

KOSMOS

Gedruckt auf chlorfrei gebleichtem Papier

Unser gesamtes lieferbares Programm und viele
weitere Informationen zu unseren Büchern,
Spielen, Experimentierkästen, DVDs, Autoren und
Aktivitäten finden Sie unter www.kosmos.de

1. Auflage 2011
© 2011, Franckh-Kosmos Verlags-GmbH & Co. KG, Stuttgart
Alle Rechte vorbehalten
Dieses Buch wurde vermittelt durch BookaBook,
die Literarische Agentur Elmar Klupsch, Stuttgart.
Redaktionelle Bearbeitung durch Marion Voigt, folio-Lektorat
ISBN 978-3-440-12249-5
Printed in the Czech Republic/Imprimé en République Tchèque

Inhalt

- 9 Mein Weg zu den Kräutern
- 17 Meine Winterheimat
- 55 Mein Sommerleben
- 57 Gundelrebe – die wilde Schwester der Petersilie
- 65 Zitronenmelisse – mein Schmierseifenkraut
- 73 Löwenzahn – für Mensch und Hase
- 83 Brennnessel – ein vielseitiger Plagegeist
- 93 Schlangenknöterich – spielend versorgt
- 101 Weg-Malve – ein Problem mit Biss
- 109 Quendel – ein Hauch von Ameisen und Abenteuer
- 117 Sanikel – heilt alle Wunden
- 125 Frauenmantel – mein Morgengenuss
- 131 Wegerich – der goldfädige Retter
- 141 Kümmel – eine Wohltat, nicht nur für Verliebte
- 151 Wacholder – erste Hilfe in fast allen Fällen
- 159 Kamille – blühende Mutterliebe
- 165 Augentrost – Trost zum Abschied
- 172 Mein kleines Kräuterlexikon
- 187 Nachklang

Gelobt seist Du durch Bruder Sonne.
Er ist der Tag, und Du spendest uns das Licht durch ihn.
Und schön ist er und strahlend in großem Glanz.

Gelobt seist Du durch Bruder Wind und durch Luft
und Wolken und heiteren Himmel und jegliches Wetter,
durch das Du deinen Geschöpfen den Unterhalt gibst.

Gelobt seist Du durch Schwester Wasser.
Gar nützlich ist es und demütig und kostbar und klar.

Gelobt seist Du durch unsere Schwester, Mutter Erde,
die uns ernähret und trägt und vielfältige Früchte hervorbringt
und bunte Blumen und Kräuter.

Meine Essenz des Sonnengesangs
von Franz von Assisi

Mein Weg zu den Kräutern

Das Gras und die Kräuter waren unter den schon wärmenden Sonnenstrahlen schnell gewachsen und standen üppig, wohin das Auge schaute. Einige Teilnehmerinnen der Wanderung füllten nach den Hinweisen der Kräuterführerin ihre mitgebrachten Plastik- oder Papiertüten mit großen und kleinen Blättern. Andere nahmen für jede Pflanze ein neues Blatt von ihrem Block, klebten sie mit einem Tesastreifen darauf und machten sich fleißig Notizen. Wieder andere lichteten das Kraut ab, um sein Bild unversehrt mit nach Hause zu nehmen. Ich hörte nur zu. Dass ich mitlief, verdankte ich einer Freundin, deren Geburtstagsgeschenk ich einlöste. Mit jeder Erklärung merkte ich, welch umfangreiches Wissen ich bereits hatte. Doch es erwartete auch mich etwas Neues.

Zum Abschluss der Kräuterwanderung wurde ein Teil des gesammelten Grüns mit Essig und Öl zu einem Salat angerichtet. In der Schüssel lagen junge und ältere, große und kleine, glattrandige und gezahnte Blätter. Appetit verspürte ich darauf keinen. Aber nur die dazugereichten Brötchen zu essen, traute ich mich nicht. Also nahm ich auch eine kleine Portion Salat. Die Blätter schmeckten wie befürchtet herb, bitter, sauer, fühlten sich derb und ledrig an. Während ich in meinem Salat herumstocherte, regte sich in mir ein bis dahin unbekannter Gedanke: Mit jungen, frischen, klein geschnittenen Kräutern fange ich an, mein Essen zu bereichern.

Das war der Anfang. An diesem Tag im April entdeckte ich meine Liebe zu den Kräutern. Heute glaube ich, dass die Wurzeln dazu schon lange in mir lebendig waren und bereits tief reichten.

Mein Elternhaus am Dorfrand grenzte auf zwei Seiten an Felder und Wiesen. In drei Minuten waren wir im Wald. Nicht, dass ich als Zweitjüngste mit meinen vier Schwestern stundenlang mutig im

Wald herumgestreift wäre, das machten wir Mädchen nicht. Aber wir waren viel draußen. Spielten mit dem Ball, sprangen Seil, rannten als Teufel an der Kette, begleiteten Vater beim täglichen Mähen des Hasenfutters, halfen ihm bei der Gartenarbeit, gruben Kartoffeln auf dem kleinen Acker, ließen auf den Stoppelfeldern Drachen steigen, fuhren Schlitten. Wir waren jeden Tag draußen, im Sommer und im Winter.

So erlebte ich den Frühling in seinem unbändigen Grün, den farbigen, prächtigen Sommer, das Herbstlaubrot des Kirschbaumes und die schneereichen, weißen Winter hautnah.

Im Frühjahr, wenn die Häsinnen meines Vaters Junge hatten, hielten meine Augen ohne Anstrengung jeden Tag Ausschau nach den ersten Rosetten des Löwenzahns. Sie kannte ich auch ohne Blüte. Löwenzahnstechen für das Hasenfutter, bis das Gras so hoch gewachsen war, dass Vater es mit der Sense mähen konnte, das war die Aufgabe der drei Jüngsten.

Ähnlich erging es mir mit Brennnesseln. Ich meine sie schon mein Leben lang zu kennen. Die wogten üppig an allen Ecken, vorm Haus, hinterm Haus, beim Nachbarn und an jedem Feldrand. Beim Sauerampfer war es schon schwieriger. Treffsicher davon ein Blättchen zu erwischen, war Glückssache, die sahen ja aus wie alle grünen Blätter im Gras.

Was ich auch noch kannte, waren im Frühling die Wiesenblumen. Wiesenschaumkraut, Buschwindröschen und Sumpfdotterblumen. Schlüsselblumen und Gänseblümchen liebte ich ganz besonders. Im Mai brachten wir alle zwei Tage neue Sträuße nach Hause und tauschten sie aus gegen die verwelkten am Maialtärchen, das zu Ehren der Gottesmutter im Schlafzimmer eingerichtet war.

Ich habe jedoch nie Gänseblümchen für den Salat geholt. Auch keine Brennnesseln, aus denen Mutter Spinat zubereitet hätte. Auf den Tisch, so meine ich, kamen nur zwei Kräutersorten aus dem

Garten. Wenn es sonntags zum Mittagessen Möhren gab, waren sie mit frischer Petersilie bestreut. Schnittlauch gab es meist nur ein paar Tage nach Ostern als den von uns sogenannten Schnittlauch-Salat. Das war klein geschnittener Schnittlauch mit gehackten Ostereiern in viel Milch-Sahne-Soße, dazu aßen wir Pellkartoffeln. Obwohl es ein besonderes Essen war, hat es mir nie richtig geschmeckt.

In Städten fern der Heimat verblasste später meine Erinnerung an selbst gepflückte Wiesenblumensträuße. Mein Interesse an Pflanzen erlosch jedoch nie ganz. Das schließe ich daraus, dass ich während meines Studiums der Kunst und der Physik für das Lehramt einige Male die fachfremde Vorlesung »Geschichte der Pharmazie« besuchte. Vage erinnere ich mich an ein großformatiges Buch mit Pflanzendarstellungen bis ins kleinste Detail.

In meinem ersten Alpsommer überfluteten mich das Grün der Weiden, das dunklere Tannengrün, die Farbenpracht der Blumen. Ich hatte Arbeit und Wohnung in Köln aufgegeben, um von Mai bis Oktober Rinder auf einer Alp in den Schweizer Bergen zu hüten. Ein glücklicher Sommer!

Meine Morgenarbeit war, die dreißig Rinder von der Weide nach Hause zu treiben und im Stall anzubinden, die kleine Ziegenherde zu melken und die Milch zu Käse zu verarbeiten. Bis zum Abend, wenn ich die großen Tiere rauslassen und den Stall misten musste, konnte ich mir meine Arbeit und Zeit frei einteilen. Ich verbrachte sie bei jedem Wetter draußen und hatte immer mein Blumenbestimmungsbuch dabei. Es war griffbereit beim Reisigholen, Zäunekontrollieren, auf dem Weg zum Holzplatz am Waldrand, beim Ziegensuchen, beim Gang ins Dorf. Ich kniete neben weißen, gelben, rosa und blauen Blüten und blätterte in meinem Buch, um ihr Abbild zu finden. Den weißen Hahnenfuß, den kein Tier fraß, erkannte ich schnell wieder. Dass er ein Anzeiger für Feuchtgebiete ist, hörte ich an dem

Quatschen unter meinen Schuhen. Eine feine, lila zerzauste Blüte war mir auch bald vertraut. Doch ihr Name, Kuckuckslichtnelke, fand lange keinen Platz in meinem Hirn. Da half auch keine Eselsbrücke, ob das Wortspiel nun mit Adler oder Meise anfing oder mit Rosen oder Tulpen endete. Und Wasserminze zerrieb ich so lange zwischen meinen Fingern, bis sie ihren muffigen Pfefferminzgeruch freigab.

Neben dem Blumenbuch hatte ich mir *Leben auf dem Lande* gekauft, ein Nachschlagewerk für alle erdenklichen Situationen und offenen Fragen. Dazu eine Sternenkarte und das Büchlein *Wildgemüse-Kompaß*. Es begleitete mich in meinem nächsten Alpsommer.

Um das Glück des ersten Sommers ein zweites Mal zu erleben, kam ich nämlich wieder. Das Büchlein schien eigens für mich gemacht zu sein. Ich blätterte stundenlang darin, schaute mir die Fotos an, las abends im Bett bei Kerzenschein und morgens schon vor dem Aufstehen. Dass Löwenzahnblätter als Salat gegessen werden können, gefiel mir. Aber Wiesenschaumkraut als Gewürz an Suppen, das konnte ich mir nicht vorstellen. Und Gänseblümchenblüten kauen und schlucken, nie!

Sehr praktisch fand ich, dass unter jedem Pflanzenfoto ein Blatt, eine Blüte oder eine Wurzel gezeichnet war, sodass ich auf den ersten Blick wusste, welchen Teil der Pflanze ich in der Küche verwenden konnte. Im Anhang hatte das Büchlein eine Zusammenfassung. Über der letzten Spalte stand »Nutzen für die Gesundheit«. Mir wurde bewusst, dass all diese Kräuter dem Körper helfen, gesund zu bleiben oder zu werden. Immer wieder verglich ich die Qualitäten der Pflanzen miteinander und fasste sie nach langem Studieren grob unter zwei Hauptmerkmalen zusammen: reinigend und aufbauend. Die Seiten mit den Grund- und Spezialrezepten für die Küche überschlug ich regelmäßig. Ich verspürte nicht den Wunsch, ein Blatt zu pflücken, draufzubeißen, um den Geschmack kennenzulernen, oder es mitzunehmen, klein zu schneiden und über mein Essen zu streuen. Wenn ich mir einen Salat zubereitete, ging das mit der Salatkräutermischung aus dem Tütchen im Fünferpack stets einfach, schnell und sauber. Und ich hatte zuverlässig immer den gleichen, richtigen Geschmack. Mit anderen Worten, ich habe mein Wissen in keiner Weise praktisch umgesetzt – bis zu jener Kräuterwanderung in meiner Winterheimat, als ich beschloss, dem wild wachsenden Grün in meinem Essen einen Platz zu geben.

Schon vor dem nächsten Mittagessen ging ich auf die Wiese hinter dem Haus, entschied, dass drei eine gute Zahl zum Anfangen sei, und pflückte je drei junge Blättchen Löwenzahn, Schafgarbe und Gundelrebe. Klein geschnitten unter den Salat gemischt verliehen sie dem Salat etwas sehr Feines.

In den verbleibenden zwei Wochen meines Winterhalbjahres, wenn ich an der Reihe war, das Mittagessen zu kochen – vegetarisch, seit ich beim Schlachten meines Sommerschweines zugesehen hatte –, holte ich von draußen junges Grün und gab es in den Salat. Als ich die Menge der Kräuter erhöhte, fand das bei keinem meiner Mitesser Anklang. Einzig meiner Zunge gefiel es.

Die Löwenzahnblüten waren für mich das Zeichen zum Aufbruch. Da es nichts gab, was ich lieber gemacht hätte, ging ich Anfang Mai wieder in die Schweizer Berge, jedoch auf eine Alp im Nachbartal. Auf 1200 Meter Höhe stand in den Mulden das Schmelzwasser vom letzten Schnee und der Frühling steckte noch in den Kinderschuhen. So konnte ich dem heranwachsenden Grün ein zweites Mal in diesem Jahr begegnen. Meine Idee, hier die Kräuter im großen Stil zu mischen, setzte ich jedoch nur zögerlich um. Denn für mich Essen zuzubereiten und allein am Tisch zu sitzen, war schwer wie im Sommer zuvor. Aber erstmals einen eigenen Garten zu bestellen, das gefiel mir.

Während Liebstöckel, Majoran, Zitronenmelisse und Schnittlauch ohne mein Zutun wuchsen, bedeutete alles andere richtig Arbeit: Die Winterschollen von der Grasnarbe befreien, Berge von Unkraut jäten, Beete anlegen, Saat und junge Pflanzen dem Boden übergeben, ich machte alles gerne. Der Stolz des Gelingens erfüllte mich, als ich den ersten, noch kleinen Pflücksalat schnitt. Mit Löwenzahn, Sauerampfer und Wegerich gewürzt schmeckte er so köstlich, dass ich die Mischung zum Standard erkor.

Mit Brunnenkresse oder Wiesenschaumkraut oder Bärlauch, haltbar gemacht in Öl, spielte ich beim Dazugeben. Als Sammelplatz für die Kräuter bevorzugte ich die Heumatte vor der Hütte. Der Weg dorthin war kurz, es gab keinen frischen Rindermist und nach der Heuernte wuchs junges Grün nach.

Später im Sommer, als Möhren, Fenchel und Kohlrabi erntereif waren, machte ich daraus lieber Salat als Gemüse. Ich würzte ihn mit den frischen Gartenkräutern und fügte besonders gerne Quendel, den wilden Thymian, hinzu.

Den Rhythmus, im Sommer auf der Alp und im Winter in Deutschland zu leben, behielt ich schließlich bei. Mit der Zeit wurde mir die Alp zur Sommerheimat und ich erweiterte meinen Garten mehrmals. Um Kräuter haltbar zu machen, trocknete ich sie. Ich merkte aber, dass mein Bedarf daran gar nicht so groß war, weil ich bis in den Herbst hinein frische Kräuter verwendete. Ich stellte fest, dass mein Lieblingstee aus den Blättern der Schwarzen Johannisbeere nur frisch gebrüht so köstlich aromatisch schmeckte. Während getrockneter Salbei seinen einzigartigen Geschmack auch als Tee gegen Halsschmerzen im Winter entwickelte. Ich legte Wermut in Wein und Honig ein und trank das Elixier bei Magenbeschwerden nach dem Essen. Ich kochte die Früchte der Heckenrose in Anlehnung an den Satz: »Täglich ein Esslöffel Hagebuttenmus und die Erkältung kommt gar nicht ins Haus.« Ich übergab der Erde ein Glas Spitzwegerich, geschichtet mit Rohrzucker, in der Hoffnung, daraus würde Hustensaft. Ich legte Wegerich auf Wunden und badete bei Entzündungen im Aufguss der Weg-Malve. Ich kreierte schlichte und aufwändige Gerichte mit Kräutern. Ich war erfolgreich und frustriert, hatte viel Freude und machte mir viel Arbeit.

Am nachhaltigsten haben mich bis heute meine Eltern im Umgang mit Kräutern beeinflusst. Schon viele Jahre sorgen sie für ihre Gesundheit ganz nach den Lehren der Hildegard von Bingen. Auch beim Zubereiten ihrer täglichen Mahlzeiten. Diese würzt meine Mutter ausschließlich nach der Kräuterlehre der Äbtissin.

Sobald das erste Grün treibt, bin ich großzügig beim Pflücken von Wild- und Gartenkräutern und in der Zugabe zum Essen. Dabei gilt meine Leidenschaft den wild wachsenden Kräutern. Denn es macht mich immer wieder glücklich zu ernten, ohne zu säen. Diese Begeisterung, gepaart mit meinen Erfahrungen und meinem Wissen, gebe ich zum Abschluss des Winterhalbjahres in Kräuterspaziergängen gerne an interessierte Menschen weiter.

Wiesen-Kerbel
Anthriscus sylvestris
Seite 22

Meine Winterheimat

Noch immer steht mein Elternhaus am Dorfrand, und die Straße davor führt geradewegs weiter durch Felder und ein Waldstück bergab ins Tal. Deshalb nehme ich es wie jedes Jahr als Ausgangspunkt für meinen Kräuterspaziergang. Den Termin dafür habe ich bereits vor einiger Zeit festgelegt, auf das dritte Wochenende im April. Jetzt steht der letzte Schnee als Wasser in den Wiesen. Das erste Grün erwacht aus Liebe zur Sonne. Nach langem, schneereichem Winter kündet es davon, dass es doch Frühling werden will. Bei jedem Gang in die Natur hängen meine Augen am Boden, als läge Gold versteckt auf Wegrainen und Wiesen. Ja, grünes Gold! Denn die erste Kräutergeneration im Frühjahr hat besonders viel Kraft, um Körper und Gemüt neu zu beleben. So gebe ich von den gefundenen jungen Blättchen täglich ein paar in den Salat und mache mir ein genaues Bild davon, welches Kraut an welchem Platz, in welchen Mengen und in welchem Wachstumsstadium steht. Daraus ergibt sich die Route des Kräuterspaziergangs.

Was wächst bereits?
Von Gänseblümchen bis Wiesenkerbel

Im Schutz von Hecken, Zäunen und Mauern fallen mir auf den Wiesen ums Haus seit einer Weile weiße Tupfer auf. Kleine Schönheiten mit gelber Mitte, umringt von einem Strahlenkranz. Bei ihrem Anblick huscht mir ein Lächeln über das Gesicht. So klein und so mutig. Gut, dass trockene Kälte bis zu Minusgraden den Gänseblümchen auf ihren kurzen Stängeln nichts anhaben kann.

Jeden Tag zähle ich sie von Neuem. Mit jeder laut ausgesprochenen Zahl bestätige ich mir, was meine Augen längst gesehen haben: Es werden immer mehr Blütenköpfchen, die bei Tag dem Lauf der Sonne folgen. Am Abend schließen sie ihre Blüten und verharren auch bei Regen in dieser Haltung. Für mich sind sie ein Vorbild für Liebreiz gepaart mit Robustheit. Sooft sie später in ihrem Leben von Rasenmähern geköpft oder von rauen Zungen umschlungen in Mäulern des Weideviehs verschwinden, so oft erblühen ihre Nachkommen nach einigen Tagen neu. Wenn ich auf ein Pflänzchen trete, beugt sich sein Stängel bis zum Boden – ohne zu brechen. Und wenn ich nach einer Weile nachschaue, hat er sich wieder aufgerichtet. Das ist doch eine bemerkenswerte Eigenschaft. Ich habe versucht, sie auf meinen Körper zu übertragen, und kam zu Folgendem: Wenn ich gebeugt bin, mein Körper von einer sichtbaren oder meine Seele von einer unsichtbaren Last, dann lasse ich meine Augen auf den Gänseblümchen im Gras ruhen. Ich pflücke ein Köpfchen, stecke es in den Mund und stelle mir schon beim Kauen vor, dass diese besondere Kraft anfängt zu wirken. Und beim Schlucken sehe ich vor meinem inneren Auge zunächst das aufgerichtete Gänseblümchen und dann meine aufrechte Gestalt. In dieser Idee bestätigt fühle ich mich von dem Schweizer Kräuterpfarrer Künzle, der vor rund einhundert Jahren schrieb, dass Gänseblümchen im Tee Kindern, die nicht gedeihen wollen, auf die Beine helfen.

Es hat lange gedauert, bis ich es übers Herz brachte, das erste Gänseblümchen zwischen meinen Zähnen zu zerkauen. Ich war schon auf der Alp, als ich bei Freunden Salat serviert bekam, der mit Gänseblümchen dekoriert war. Vorsichtig schob ich sie an den Tellerrand, um sie zu retten. Als ich mir bewusst machte, dass das Stück Fleisch des Hauptgerichts – damals aß ich das noch – zuvor ein zutrauliches Kalb mit großen Augen und langen Wimpern war, begann sich meine Sicht auf das Essen von Gänseblümchenköpfchen zu relativieren. Dass sie harntreibend und blutreinigend wirken und den Auswurf bei Bronchitis und Asthma fördern, ist doch wunderbar. Die gleichen

Wirkungen zeigen auch ihre grünen Blättchen. Da sie eher klein sind, machte ich mir nur selten die Mühe, sie zu pflücken und zum Salat zu geben. Seit ich aber die Rosette steche und diese wie Feldsalat verwende, ist das Gänseblümchen in seiner Ganzheit eine gesunde und überaus freundlich dreinschauende Zugabe im Salat.

Ein paar Tage später, ich war übers Wochenende verreist, komme ich zufällig an einem Grün vorbei, dessen Standort ich eigentlich kenne. Auf dem Weg zu Vaters Garten, um Feldsalat zu schneiden, entdecke ich im Schatten der Heckenrose Scharbockskraut. Die dicht an dicht gedrängten herzförmigen Blättchen auf kurzen Stielen haben wegen ihrer glänzenden Oberseite etwas gemeinsam mit der Spiegelfläche eines Sees. Den Namen hat das Scharbockskraut von seiner früher üblichen Verwendung als Mittel gegen Skorbut, der Vitamin-C-Mangel-Krankheit. Dieses Kraut erinnert mich stets daran, den Augenblick zu nutzen und es heute zu pflücken. Nicht morgen, wenn ich glaube, mehr Zeit zu haben. Denn schon bald erscheinen seine ersten gelben Blüten, Sternen gleich, strahlend und wie gesät. Dann aber enthalten die Blätter giftige Stoffe und sollten nicht mehr gegessen werden. Und ein paar Wochen später färben sich die grünen Blättchen gelb und verschwinden spurlos.

In diesem Sinne pflücke ich ein paar Blätter mit Stiel für den Salat. Vorher aber lasse ich es mir nicht entgehen, mit der kleinen Harke nach den Wurzeln zu graben. Fast würden dazu meine Finger reichen, da die keulenförmigen Knöllchen dicht unter der Oberfläche liegen. Nach ihnen heißt die Pflanze auch Feigwurz. Die Knöllchen sehen nämlich aus wie Feigwarzen. Diese Warzen begegneten mir auf der Alp schon manchen Sommer an Bauch und Zitzen der Rinder. Ich habe Tiere gesehen, die so behangen damit waren, dass sie behandelt werden mussten, weil die Warzen hinderten oder schmerzten. Neben der Wirkung von Medikamenten habe ich mitverfolgt, was geschah, wenn einzelne Warzen mit einem Faden abgebunden wurden. Sie fielen mit der Zeit einfach ab. Ob die Bauern früher den unansehnlichen Auswüchsen etwas entgegensetzten, indem sie ihren Tieren Scharbockskraut zu fressen gaben, und, wenn ja, in welchen Mengen sie es verabreichten, darüber weiß ich nichts.

Die Wurzelknöllchen des Scharbockskrautes erinnern optisch an venöse Ausbuchtungen im menschlichen Körper, wie wir sie an den Beinen als Krampfadern und am Darmausgang als Hämorrhoiden kennen. Solche Ähnlichkeiten brachten die Menschen dazu, das Kraut bei genau diesen Leiden zur Linderung einzusetzen.

Die Erscheinungen der sichtbaren Welt so aufeinander in Beziehung zu setzen, geht zurück auf Paracelsus, den König der Ärzte, der um 1500 wirkte, und ist bekannt als Signaturenlehre. Sie beruht auf einem Denken in großen Zusammenhängen. Zum Beispiel schreibt man der Bohne aufgrund ihrer Form eine Heilwirkung bei Nierenleiden zu. Oder man nutzt die Walnuss mit ihren zwei gefurchten Hälften für Behandlungen des Gehirns. Traditionellen Heillehren ist ein solches Denken selbstverständlich und oft fand man bei wissenschaftlichen Untersuchungen entsprechende Inhaltsstoffe, die die Theorie untermauerten. Mir gefällt diese umfassende Sicht. Natürlich gibt es auch Gegenstimmen, die auf die Zufälligkeit der Entsprechung hinweisen und Gegenbeispiele ins Feld führen, bei denen sich keine Wirksamkeit nachweisen ließ.

Mit fast leerer Schüssel unter dem Arm, weil ich im Beet keinen Feldsalat mehr gefunden habe, schaue ich mich auf der naturbelassenen Wiese zwischen Garten und Haus nach etwas Frischem um. Unweit des uralten ausladenden Apfelbaums sind sie nicht zu übersehen, die dunkelgrünen, pfeilförmigen Blätter des Sauerampfers. Noch sitzt jedes saftige, lang gezogene, spitz zulaufende Blatt mit glattem Rand auf einem eigenen Stiel. Von früheren Kräuterspaziergängen weiß ich, dass viele Menschen sich zumindest vage an den Geschmack aus ihrer Kindheit erinnern. Das kann ich gut verstehen. Auch ich stecke jetzt, wie zur Bestätigung, ein Blatt in den Mund, kaue es und nicke zufrieden: angenehm sauer, ähnlich wie Sauerklee. In der Tat wird die Säure, die den Geschmack ausmacht, nach ihrem Vorkommen im Sauerklee auch Kleesalz genannt. Von den jungen Blättchen nehme ich ein paar mit. Später schneide ich sie fein und streue sie über die Pellkartoffeln beim Mittagstisch. Wohlgemerkt ein paar, weil die Säure nur in kleinen Mengen ungiftig ist. Beim Sauerampfer gilt der Grundsatz, ebenfalls von Paracelsus: Die Dosis macht das Gift. Abgebrüht verlieren die Blätter das meiste davon und können so auch üppiger in Gemüse und Suppen verwendet werden. Das Wertvollste am Sauerampfer ist wohl sein Vitamin C. Daneben fördert er die Verdauung und wirkt bei regelmäßigem Essen wie eine Frühjahrskur zur Blutreinigung.

Dass der Sauerampfer dort, wo er vorkommt, gerne in großen Mengen wächst, kann ich eindrücklich im Juni auf der Alp beobachten. Dann überragen seine hoch gewachsenen Stängel das Gras der Heumatte. Und die schlanken Rispen mit den unendlich vielen rötlichen Samenständen leuchten im Abendlicht, gleich einem Fackelteppich. In diesem Stadium sind die Blätter der Pflanze fleischig und derb. Sobald aber das getrocknete Gras mitsamt den Kräutern auf dem Heuboden ist, wächst innerhalb von wenigen Tagen die nächste Generation Sauerampferblättchen nach.

Nach dem Mittagessen nehme ich Vater den Gang zu seinen Hasen ab, um sie mit Möhrenabfällen zu füttern. Damit ich trockenen und sauberen Fußes zu den Kästen komme, achte ich darauf, sicher jede Bodenplatte auf dem Weg zu treffen. »Ja, schau da, ein Löwenzahn.« Zwischen der dritten und vierten Platte – als Kind habe ich sie nummeriert und stets mitgezählt, wenn ich einbeinig von einer zur anderen hüpfte – ist der Fallschirm einer Pusteblume auf guten Boden gefallen. Ich bücke mich, pflücke zwei Blätter und übe schon mal. Rechts und links zwischen Oberlippe und Zahnfleisch klemme ich je ein Blatt, sodass sie senkrecht nach unten stehen. Mit weit aufgerissenem Mund und Feuer sprühenden Augen brülle ich aus halber Brust. Mit etwas mehr Leidenschaft dahinter könnte ich so den Kräuterspaziergängern eindrücklich zeigen, warum der Löwenzahn »Löwenzahn« heißt.

Die Hasen mümmeln die Möhrenschalen wie die Menschen eine Spaghettinudel, die aus Versehen vom Löffel gerutscht ist und mit spitzem Mund nachgeschlürft wird. Möhren, Möhrenschalen, Möhrenkraut, kommt mir beim Zuschauen in den Sinn. Und weil ich im Dialekt denke, heißt das letzte Wort Moadekrout. Ob das wohl schon wächst? Ich trete ein paar Schritte zurück und suche erneut die Wiese ab. Dieses Mal nach Moadekrout. Sein richtiger Name ist Wiesenkerbel, kurz Kerbel. Wir nennen ihn nach dem Kraut der Möhre, weil sein junges Grün fast genauso ausschaut und weil die Hasen es ebenso gerne haben. Sobald es aber weiterwächst – und es wird bis zu einem Meter fünfzig hoch –, erinnert es überhaupt nicht mehr an das Wurzelgemüse. Wenn auf den Wiesen das Gelb des Löwenzahns verblüht ist, bestimmt mancherorts der in Massen auftretende Kerbel mit seinen weißen Blüten das Bild. Bewegt er sich im Wind, hat er etwas luftig Leichtes. Mich erinnert er dann an den wehenden Spitzenschleier einer Braut. Ich nutze das junge Kraut, das reich ist an Vitaminen, besonders an Vitamin C, ausschließlich im Frühjahr vor der Blüte und würze damit den Salat. Man kann es auch an Eintöpfe und Suppen geben.

Noch haben sich die Kerbelblätter nicht ganz entfaltet. Aber bis in zwei Wochen schafft es die Pflanze leicht, in ihrem grünen Möhrenkrautkleid zu stehen. Bis dahin wird die Natur ihren Tisch für uns hoffentlich üppig gedeckt haben, auch falls der Wetterbericht recht hat und die kommenden Tage kalt werden. Diesen und noch einen Wunsch, nämlich dass es am Kräutersamstag nicht regnen möge, schicke ich einmal mehr zum Himmel.

Trinkwasserdekoration zum Mitessen
1 Gänseblümchen
1 Gundelrebe
1 Schafgarbenblättchen

Nicht zum Sattessen, sondern zum Sattsehen dekoriere ich das Trinkwasser gerne. Dazu gebe ich in den Wasserkrug aus Glas und in jedes Trinkglas nur wenige Blätter und Blüten. Meine liebste Variante im jungen Frühling ist: grün, weiß und lila. Das Grün bekomme ich von den Blättchen der Schafgarbe, das Weiß von Gänseblümchenköpfchen und lila von den Blüten der Gundelrebe. Damit diese jungen Schönheiten zur Wirkung kommen, genügt von jeder Sorte ein Exemplar im Wasserglas. Im Krug können mehrere schwimmen. Meinen Augen gefällt es, wenn auch in dem großen Gefäß das Maß der Zugaben bescheiden ist.

Sauerampfersuppe

Für 4 Portionen

2 Handvoll Sauerampfer
1 Zwiebel
1 TL Butter
1 l Wasser
2 EL Mehl
1 Würfel Gemüsebrühe oder 1 EL gekörnte Gemüsebrühe
Salz
1 Ei
2 EL Sahne

Den Sauerampfer möglichst an einem sauberen Ort suchen. Das Sammelgut und die Zwiebel fein schneiden. In einem Topf die Butter zergehen lassen und die Zwiebel darin goldgelb anbraten. Das Grün und einen Teil des Wassers zufügen und 10 Minuten bei schwacher Hitze köcheln lassen. Jetzt streue ich das Mehl darüber und gebe nach und nach das restliche Wasser dazu, während ich kräftig mit dem Schneebesen rühre, damit keine Klümpchen entstehen. Die Gemüsebrühe und das Salz zugeben. Das verquirlte Ei kommt zuletzt in die Suppe und wird kurz mit aufgekocht. Dann nehme ich den Topf vom Herd und rühre die Sahne ein.

Am liebsten koche ich Sauerampfersuppe, wenn ich Brot oder Reis vom Vortag habe. Das gewürfelte Brot oder den kalten Reis gebe ich in einen Teller und gieße die heiße Suppe darüber. Das ergibt eine köstliche Zwischenmahlzeit.

Auch an der Route gelegen:
Fundstücke wie Giersch und Bärlauch

Es ist wirklich noch mal kalt geworden. Nein, kein tagelanger Schneefall, aber am Morgen sind die Scheiben der Autos vereist und die Dächer weiß überzogen. Unter meinem subjektiven Blick, der alles Grün auf der Erde in Bezug zum nahenden Kräuterspaziergang sieht, scheint die Natur wie eingefroren. Wie sehr wünsche ich mir, dass es doch in meiner Macht stände, den Zeitpunkt der grünen Explosion zu bestimmen!

Meine Freundin Claudia aus Heidelberg ahnt nicht, in welches gedankliche Hamsterrad mich ihre Worte versetzen, sonst hätte sie mir bestimmt von etwas anderem erzählt. In ihrem Schrebergarten wachsen schon Massen von Giersch. Der Schlangenknöterich am Teich sei zwar noch klein, aber sie habe bereits das erste Gemüse damit gekocht. Es habe wunderbar geschmeckt. In der Nähe des Hofes, auf dem sie den guten Ziegenkäse kauft, habe sie bereits Knoblauchsrauke, Bärlauch und Pimpinelle gefunden.

Habe ich die Termine für die Kräuterspaziergänge hier auf dem Hunsrück mit seinem rauen Klima doch zu früh angesetzt? Was erzähle ich den Leuten, wenn wir nicht genügend Kräuter sichten? Was mache ich, wenn das Grün so klein ist, dass kein Mensch etwas damit anfangen kann? Auf meine Erfahrungen über Jahre zurückblickend und darauf vertrauend, dass zu gegebener Zeit auch dieses Mal von allem genügend da sein wird, könnte ich gelassener sein. Es ärgert mich auch, dass ich es zulasse, mich von diesen Gedanken jedes Frühjahr aufs Neue beunruhigen zu lassen. Insgeheim vermute ich: Es ist mir so vertraut, mich zu sorgen, dass mir etwas fehlen würde, wenn ich es nicht täte. Frauenmantelwasser könnte mir da helfen.

In anderen Augenblicken bin ich voll freudiger Erwartung beim Gedanken an den Kräutersamstag und sehe schon die erstaunten

Gesichter, wenn ich den Interessierten erzähle, dass der Giersch essbar ist. Viele kennen ihn als Unkraut im Garten, das sie endlich ausrotten möchten, damit seine weit reichenden, weißen Wurzeln nicht so verlässlich immer mehr Fläche einnehmen. Gerne würde ich den Menschen nahebringen, dass, wenn der Giersch schon nicht auszurotten ist, sie ihn sich doch zunutze machen könnten, indem sie die jungen Blätter essen. Entweder frisch im Salat oder gekocht als Gemüse. Mir schmeckt er am besten in einer Mischung mit je gleich viel jungen Blättern des Schlangenknöterichs und jungen Brennnesselspitzen. Gegessen hilft der Giersch, Magen und Darm zu reinigen und die Verdauung anzuregen.

Eine andere Qualität des Gierschs steckt in dem Wort Gichtkraut, wie er auch genannt wird. Kräuterpfarrer Künzle schrieb zum Geißfuß, der damals wohl geläufigere Name für den Giersch: »Rheumatiker und Gichtiker sollten eben diesen Salat kurmäßig genießen, denn er vertreibt ihnen die so schädliche Harnsäure.« Auf diese Eigenschaft weist schon sein lateinischer Namensteil *podagraria* hin – Podagra bezeichnet den schmerzhaften Gichtanfall an der Großzehe, der durch ein Zuviel an Harnsäure im Körper ausgelöst wird. Zur äußeren Anwendung wurden die Blätter zerdrückt und auf die schmerzende Körperstelle gelegt.

Trotz dieser Tradition konnten wissenschaftlich keine Wirkstoffe im Kraut nachgewiesen werden. Vielleicht ist das der Grund, wieso viele Heilkräuterbücher über den Giersch schweigen.

Die scharf gezahnten Blätter des Gierschs, besonders die größeren, gleichen denen des Schwarzen Holunders. Beim Erkennen der Pflanze, noch bevor eine weiße Blütendolde sie ziert, hilft meist der Stängel. Er ist saftig und hohl und seine drei Kanten sind gut zu fühlen. Außerdem schmecken die Blätter unverkennbar nach Giersch: säuerlich, herb, und wenn ich genau hinschmecke, finde ich auf meiner Zunge eine Erinnerung an Sellerie.

Dieses schwache Selleriearoma, gepaart mit dem Geschmack der Knoblauchsrauke, um einen Salat köstlich zu würzen, ist ein Experiment wert.

Die bis zu einem halben Meter hoch wachsende Knoblauchsrauke findet sich an Hecken, im Gebüsch und an Zäunen. Äußerlich hat sie mit dem Knoblauch nichts gemeinsam – weder den Stängel noch die unteren nierenförmigen und oberen herzförmigen Blätter. Erst das zerriebene Blatt gibt den Knoblauchgeruch und das Kauen den Geschmack frei. Beides ist jedoch viel milder als beim Knoblauch. Die frische Knoblauchsrauke, ganz oder gehackt, kann als würziges Grün wie Schnittlauch verwendet werden.

Im Gegensatz zu rohem Knoblauch oder Schnittlauch verträgt mein Magen die Blätter der Knoblauchsrauke auch ohne jede Nachwirkung. Dass das Auflegen von frischen Blättern die Wundheilung fördert und die gegessenen Blätter ähnlich wie Knoblauch wurmtreibend wirken, wird in der Literatur nur am Rande erwähnt.

Wer es auf der Zunge intensiv liebt, der nehme statt Knoblauchsrauke die so heilkräftigen Blätter des Bärlauchs. Wenn ich die esse, stelle ich mir stets vor, dass sie mich bärenstark machen. Fachmännisch drückt Pfarrer Künzle das so aus: »Kein Kraut der Erde ist so wirksam zur Reinigung von Magen, Gedärmen und Blut wie der Bärlauch.«

Lange fehlte mir das Verständnis für alle Berichte, in denen steht, dass die Blätter des Bärlauchs mit denen des giftigen Maiglöckchens oder gar denen der giftigen Herbstzeitlose zu verwechseln seien. Ich war mir immer sicher, selbst dem Laien müsse auffallen, dass von den dreien nur das zerriebene Bärlauchblatt stark nach Knoblauch riecht. Bis zu dem Tag, als mir eine Frau erzählte, sie habe in einem lichten Laubwald aus einem Meer von Bärlauchpflanzen und in einer Wolke von Bärlauchgeruch Bärlauchblätter gesammelt. Am Rande der Ansammlung sei sie auf Blätter gestoßen, die sie verunsichert hätten.

Sie rochen nach Bärlauch, schauten aber nur auf den ersten Blick so aus. Bei genauem Riechen stellte sie fest, dass der Geruch von ihren Fingern kam. Die Blätter seien vom Maiglöckchen gewesen. Seither predige auch ich: »Bei der kleinsten Unsicherheit gilt – stehen lassen!« In der Umgebung meines Heimatdorfes kenne ich keinen Platz, an dem Bärlauch wächst. Da sein Geschmack in den letzten Jahren zunehmend beliebter wurde, wollte ich die Pflanze gerne in meine Kräuterspaziergänge mit einbeziehen. So habe ich hinter meinem Elternhaus, an der Süd-Westseite des Holzschuppens, eine kleine Bärlauchplantage angelegt. Die Zwiebeln brachte ich von einer Wanderung mit, die mich eigens zum Fuße des mit Buchen bestandenen Hanges geführt hatte, der bis zu den Ufern eines Flüsschens reicht. Dort im grundwasserreichen Boden wachsen dichte, ausgedehnte Bestände. Hier ernte ich jedes Jahr so viel, dass ich zu Hause einen Teil des Sammelgutes in Wasser stelle, um es frisch zu essen, solange der Vorrat reicht. Weiter fülle ich ein paar Gläser mit klein geschnittenem Bärlauch und mache ihn in gutem, kalt gepresstem und biologischem Öl haltbar. Und ich bereite eine große Portion Bärlauchbutter zu, die sich im Kühlschrank zwei Wochen frisch hält.

Mit dem Angebot von Bärlauchwürsten, Bärlauchkäse und dem nicht für alle Gaumen köstlichen Nachtisch aus Bärlauch mit Erdbeeren bangte ich in den vergangenen Jahren um die Bärlauchbestände im Land. Doch zumindest an »meinen« Sammelplätzen habe ich nicht beobachtet, dass der Pflanzenteppich, der sich sowohl über die Zwiebeln als auch über die Samen ausdehnt, zurückgegangen ist.

Wenn dem Bärlauch seine weißen Dolden etwas Edles verleihen, ist er nicht mehr zu verwechseln. Aber dann haben die Blätter den größten Teil ihrer Kraft verloren. Deshalb gilt es, ihn in der relativ kurzen Zeit seiner Jugend so oft als möglich zu essen. Etwa die frischen, klein geschnittenen Blätter im Salat, aufs Butterbrot gelegt, übers Rührei gestreut, als Gewürz zum Käse, in den Quark gerührt oder in Öl gebraten über Nudeln und gekocht als Gemüse. Feinschmecker haben mir berichtet, dass die Blüten, ausgebacken in Öl, eine Delikatesse sind. Daraus ergibt sich die Antwort auf die oft gestellte Frage, ob der Bärlauch mit der Blüte giftig wird: Nein.

Neben dem gepriesenen und vielseitig verwendbaren Bärlauch hat der Kleine Wiesenknopf, in meiner Heimat Pimpinelle genannt, es schwer, nicht übersehen zu werden. Ohne Blüte sind die Blätter, die aus einander gegenüberstehenden runden, kleinen Blättchen bestehen, noch unscheinbarer. Ihre grünroten Kugelblüten auf kantigem, rötlichem Stiel werden mir erst begegnen, wenn ich in den Bergen bin. Im Frühling finde ich die jungen, klein geschnittenen Triebe der Pimpinelle als Gewürzkraut im Salat sehr schmackhaft.

»Die schmecken ja nach Gurke«, rief eine Frau im vergangenen Jahr auf einem Kräuterspaziergang, nachdem sie das in den Mund gesteckte Grün sofort wieder ausgespuckt hatte. »Dieses Kraut hat meine Mutter früher in solchen Massen an den Salat gegeben, dass ich es heute nicht mehr essen mag.« Ich kann nachvollziehen, dass sie eine Abneigung entwickelte, weil das Kraut unangenehm hervorschmeckte. Mir erging es mit Liebstöckel ähnlich. Zu oft gab ich davon mehr in die Suppe oder an das Gemüse, als mir schmeckte. Unterdessen bin ich damit sehr sparsam geworden.

Obwohl so eigen im Geschmack, ist die Pimpinelle nicht besonders heilkräftig. Sie enthält als Frischpflanze Vitamin C und wirkt bei Durchfallneigung beruhigend auf den Darm.

Alle Kräuterbegeisterten, deren Lieben sich bei Tisch über einen fremden Geschmack am Salat oder im Gemüse nicht so freuen, könnten mit homöopathischen Dosen beginnen. Zum individuellen Nachwürzen eignet sich eine separat gereichte Mischung aus zerkleinerten Kräutern. Meine Erfahrung ist, dass sich die Geschmacksvorlieben mit der Zeit ändern können und die Zugabe von Kräutern dann als Bereicherung geschätzt wird.

Pimpinellepesto
6 Handvoll Pimpinelle
200 ml Olivenöl
3 EL Sesam
3 Prisen Salz
2 Prisen Pfeffer

Die Pimpinelle fein hacken oder mit dem Stabmixer zerkleinern. Nach und nach so viel Öl zugeben, dass eine geschmeidige Masse entsteht. Dann den Sesam ohne Fett in der Pfanne rösten. Wenn er anfängt, seinen typischen Geruch zu entwickeln, nehme ich die Pfanne vom Herd, sonst wird mir sein Geschmack zu streng. Den Sesam und die Gewürze verrühre ich mit dem Grün und gebe wieder so viel Öl dazu, dass die Masse cremig bleibt. Das fertige Pesto kommt in ein Glas mit Schraubverschluss. Es soll groß genug sein, damit etwa ein Finger dick frei bleibt bis zum Rand. Diesen Zwischenraum fülle ich mit dem restlichen Olivenöl auf. Ist das Grün nicht ganz mit Öl bedeckt, fängt es an zu schimmeln. Deshalb übergieße ich nach jeder Portion, die dem Glas entnommen wird, das verbleibende Pesto neu mit Öl.

Als Geschmacksvariante kann man statt Sesam auch geröstete und gehackte Pinienkerne verwenden.

Da ich am liebsten den individuellen Geschmack eines Krautes als Pesto konserviere, nehme ich nur eine Pflanzensorte. Es ist aber ebenso möglich, mehrere Kräuter zu verarbeiten. Eine gelungene Mischung hat Doris, eine Freundin, gefunden: Sie besteht zu gleichen Teilen aus Pimpinelle, Löwenzahn, Giersch, Scharbockskraut, Knoblauchsrauke und Schafgarbe.

Bärlauchbutter
5–10 Bärlauchblätter
250 g Butter
2 Prisen Salz

Die Bärlauchblätter schneide ich sehr fein oder zerkleinere sie mit dem Stabmixer. In die weiche Butter – es genügt, sie über Nacht außerhalb des Kühlschranks aufzubewahren – den Bärlauch und das Salz mit der Gabel unterkneten. Die Kräutermenge ist eine Frage des Geschmacks.

Der Tag ist da –
Spaziergang zu Lungenkraut, Gänsefingerkraut und Co.

In Wanderschuhen und Regenhose sind die einen gekommen. Andere in Turnschuhen und kurzer Hose. Die Vorsichtigen haben sich ihre Regenjacke um die Hüften gebunden. Die Zuversichtlichen streichen ihr Gesicht noch schnell mit Sonnencreme ein. Die zur Erinnerung das geschriebene Wort brauchen, sind ausgerüstet mit Papier und Stift. Die gerne sammeln, mit einem Korb. Auf der Straße vor meinem Elternhaus stehen sie im Halbkreis um mich herum. Bis auf zwei Männer, ein Kind und einen Hund sind es Frauen im Alter zwischen dreißig und sechzig Jahren.

Für die Zeit eines Lidschlages wende ich mich an alle Kräfte, die mir zur Seite stehen: Möge es mir heute gelingen, Herzen zu entfachen. Ich werde den Menschen zeigen, wie üppig die Natur den Tisch gedeckt hat mit Grün, das den wintermüden Körper zu reinigen und zu beleben hilft. Werde ihnen erzählen, wie Kräuter unseren Speiseplan bereichern, und sie schmecken lassen, welch feines Aroma sie unserem Essen geben. Ich möchte Lust auf und Mut zu Kräutern wecken und das nötige Wissen vermitteln, das Sicherheit gibt. Damit sie vielleicht schon morgen etwas Unkraut aus dem Garten holen oder ein paar Blättchen vom Spaziergang mitbringen und ans Essen geben.

Laut beginne ich mit meinem Dank an die Sonne, die mit ihrer Wärme nun doch die Frühlingsgewächse so reich aus der Erde gelockt hat. Dank dem Wetter, dass es so freundlich ist und uns hoffentlich trockenen Fußes durch den Vormittag kommen lässt. Dank allen, die gekommen sind, um mit mir die Kräuter zu erkunden.

Nach meiner Vorabrecherche weiß ich, dass wir uns nur umzudrehen brauchen, um im Vorgarten zwischen Tulpen und Narzissen das Lungenkraut zu entdecken. »Wenn es so heißt, ist es doch bestimmt gut für die Lunge«, höre ich eine Stimme hinter mir. Genau,

Lungenkraut ist ein Beispiel dafür, dass das Aussehen einer Pflanze von den Menschen als Hinweis auf ihre Heilwirkung gedeutet wurde. Hier drückt es sich auch im Namen aus.

Die dunkelgrünen Blätter in Form von Lungenspitzen tragen raue Haare und sind auf der Oberseite unregelmäßig, aber markant weiß gefleckt. Diese Flecken sehen aus wie die Bläschen im Lungengewebe. Dementsprechend wurde dem Kraut schon vor 500 Jahren eine Wirkung auf die Lunge zugeschrieben. Und in der Volksheilkunde gilt es als Mittel gegen Lungen- und Brustleiden. Selbst der wissenschaftliche Name *Pulmonaria officinalis* L. zeugt von diesen Zusammenhängen, denn lateinisch *pulmo* heißt Lunge. Am Ende eines jeden Pflanzenstängels sitzen Blüten, die bis auf die Farbe denen der Schlüsselblume ähneln. Zu Beginn der Blütezeit sind sie rot, später blau, was auf den Säuregehalt des Zellsaftes zurückzuführen ist. Auch das könnte man als Hinweis auf die Lunge sehen, den Ort, an dem sauerstoffreiches rotes Blut ausgetauscht wird gegen sauerstoffarmes blaues Blut.

Hildegard von Bingen schreibt über das Lungenkraut: »Ein Mensch, dessen Lunge aufgeblasen ist, dass er hustet und nur mit Mühe einatmet, der koche Lungenkraut in Wein und trinke es oft nüchtern und er wird geheilt werden.«

Später, als man die Pflanze auf ihre Wirkstoffe untersuchen konnte, fand man in den Blättern unter anderem Substanzen, die schleimlösend wirken, das Lungengewebe festigen und die Lunge stärken. Außerdem reichlich Kieselsäure, die Nahrung für alle Körperzellen, insbesondere von Haut, Haaren und Nägeln.

Ich kenne das Lungenkraut nur aus Buchenwäldern. Es soll jedoch auch im Schatten unter Hecken und Gestrüpp gedeihen. Mein Vater hat vor Jahren eine Pflanze mit Wurzel ausgegraben und diesen Standort im Garten für sie gewählt. Ihren prächtigen Wuchs werte ich als Zeichen dafür, dass sie sich hier ebenfalls wohlfühlt. Vater hat bereits begonnen mit der Frühjahrsteekur, um seinen chronischen Auswurf, die Folge eines irreversiblen Lungenschadens, zu lindern. Dazu übergießt er in einer Tasse drei bis vier frische Blättchen mit kochendem Wasser, lässt sie zugedeckt zehn Minuten ziehen, nimmt die Blättchen heraus und trinkt den Tee schluckweise. So portioniert ist der Tee wirksamer, als wenn die ganze Tasse auf einmal geleert wird. Pfarrer Künzle schreibt sogar vom Abstand einer halben Stunde zwischen jedem Schluck. Wer den Tee lieber gesüßt trinkt, sollte Honig hineinrühren. Dies gilt für alle Tees, wenn sie ungewohnt herb oder bitter schmecken.

Wir wechseln die Straßenseite, um auf einem ungepflasterten Weg, der Einfahrt zur Garage des Nachbarn, über einem silbrig schimmernden Teppich zu verweilen. Ich pflücke ein Blatt daraus, das wie ein kleiner Palmwedel wirkt. Die Frau neben mir bückt sich und pflückt auch eines. Wohl um besser sehen zu können, hält sie es mit ausgestrecktem Arm in größtmöglichem Abstand zu ihren Augen. Dabei sagt sie mehr zu sich selbst, wie ungeschickt es sei, dass sie ihre Brille vergessen habe. Und weiter: »Das Blatt kommt mir bekannt vor. Aber keine Ahnung, wie es heißt, und noch weniger, was man damit macht.«

Der Vorteil der jungen Kräuter im Frühling ist, dass sie jetzt von Saft und Kraft strotzen. Der Nachteil ist, dass sie noch nicht blühen. Denn in der Regel erregen zunächst die Farben unsere Aufmerksamkeit. Noch erscheint der Pullover der Erde schlicht grün. Erst auf den zweiten Blick ist es ein Grün in allen Schattierungen. Um diese zu unterscheiden, braucht es genaues und mehrmaliges Hinschauen.

Ich blättere in meinem Büchlein, das immer mit dabei ist, und zeige den Umstehenden das Foto mit dem gelb blühenden Gänsefingerkraut. »Ja, so kenne ich es«, freut sich die Frau, während sie einen Schritt zurücktritt, um das Bild schärfer sehen zu können. Der Standort – von Autorädern und Menschenfüßen verdichteter

Boden – ist typisch für das Kraut, das auch an Wegrändern und zwischen Pflastersteinen wächst. Früher fand man auch solchen Boden bevorzugt auf Gänseweiden, verdichtete Erde unter den breiten Füßen des Federviehs. Die Tiere wiederum ziehen das Gänsefingerkraut allen anderen Futterpflanzen vor. So gehören Gänse und das nach ihnen benannte Kraut zusammen.

Seiner Heilwirkung entsprechend heißt es auch Krampfkraut. Dafür kocht man es in Milch und trinkt den Sud, während das Kraut auf die betroffenen Muskelpartien wie Magen, Darm oder Unterbauch gelegt wird. Pfarrer Kneipp berichtet, dass er mit dem Gänsefingerkraut sogar einem Menschen half, der an Wundstarrkrampf, also Tetanus, litt. Diese zu Recht gefürchtete Infektion endete oft tödlich, bevor es die Schutzimpfung dafür gab. Die Zubereitung in Milch lässt sich zurückführen auf unsere Vorfahren, die Germanen. Bei ihnen galt das Kräuterabkochen in Milch als die beste Möglichkeit, sich die Heilkraft einer Pflanze zunutze zu machen.

Dass Hildegard von Bingen über das Gänsefingerkraut schrieb, es tauge nicht zur Gesundheit des Menschen, deshalb würde es ihm weder nutzen noch schaden, erstaunte mich beim ersten Lesen. Wem glaube ich? Je mehr ich mich mit den Pflanzen beschäftigte, umso häufiger fand ich Aussagen von unterschiedlichen Autoren, die nicht übereinstimmten. Dazu habe ich für mich die schlichte Lösung gefunden: Ich verwende nur die Kräuter in der Küche, die ich gerne esse, und bin offen für neue Erfahrungen.

Die zarten Blätter des Gänsefingerkrautes eignen sich mit ihrem etwas herben Geschmack hervorragend als Zugabe zu Gemüse, Suppe und Salat.

Von allen Frühlingspflanzen liebe ich das Gänsefingerkraut ganz besonders wegen seiner Wurzel. Diese – am 21. Juni, dem längsten Tag im Jahreskreis, vor Sonnenaufgang ausgegraben und als Amulett getragen – hilft, so sagt es die Volksheilkunde, die Liebe der Menschen zu gewinnen. Ich habe es nicht ausprobiert. Und doch denke ich an seine magischen Kräfte, sooft meine Augen auf das Kraut fallen. Dabei stelle ich mir vor, dass die Wurzel wirkt, sobald mein Herz sich von der Schönheit der Pflanze berühren lässt.

Die Häuser des Dorfes hinter uns lassend, stoßen wir Kräuterspaziergänger vor der alten Friedhofsmauer auf zwei Vertreter aus der Wegerichfamilie. Auf dem Pfad wächst der Breitwegerich und gleich daneben auf der Wiese der Spitzwegerich. Ich erzähle von den Kräften der beiden, die bei allem helfen, was uns am Wege widerfährt, und von der schleimlösenden Wirkung des Spitzwegerichs. Zuletzt hole ich aus meinem Rucksack eine braune Glasflasche hervor. Auf die in der Runde verteilten Löffel gebe ich denen, die probieren möchten, einen Schluck selbst gemachten Spitzwegerichsirup. Für das freundliche Angebot einer rüstigen, älteren Dame, das Ausschenken zu übernehmen, bedanke ich mich und gebe ihr die Flasche. Ich nutze die Gelegenheit, um die Reaktionen zu beobachten. »Ach, der schmeckt aber nicht schlecht, den nehmen bestimmt auch Kinder gerne«, sagt eine Frau, ich vermute, die Mutter des Kindes unter uns, und bittet um eine Kostprobe für ihre Tochter. Das Mädchen besteht darauf, den Löffel selber halten zu dürfen. Nachdem es ihn geleert und hinterher noch abgeleckt hat, sagt es verschmitzt zu seiner Mutter: »Das ist aber schon mein zweiter.«

Um die Blüten des Spitzwegerichs zu zeigen, schlage ich wieder mein Buch auf. Denn wenn die zunächst dunkelgrüne, später braune ährenartige Blüte auf einem langen, kahlen Stiel wächst, bin ich bereits auf der Alp, in meinem Sommerleben. An der Zustimmung merke ich, dass jeder sie kennt. »Aber haben Sie schon mal eine junge Blüte gegessen?«, frage ich und kann die Antwort an den überraschten Gesichtern erraten. »Sie schmeckt nach Pilzen ähnlich wie Champignons.« Um meine Aussage zu untermauern, schiebe ich hinterher: »Die Blüten müssen Sie unbedingt probieren, wenn es so weit ist.«

Ein paar Schritte weiter liegt vor uns eine Heckenreihe, die gleich einer blühenden Mauer ein Teil des Dorfwalles sein könnte. Ich liebe es, wenn die kahlen Schwarzdorn- oder Schlehenhecken von Tag zu Tag weißer werden – sie blühen, bevor sie grünen. Diese weißen Heckenbänder wecken seit jeher ein tiefes Gefühl von Frühling in mir. Unter der dornigen Schönheit wächst das Klettenlabkraut. Eine Teilnehmerin erkennt es sofort und meint: »Das ist doch das Kraut, das später die Kügelchen trägt. Wenn die sich im Fell unseres Hundes festgesetzt haben, kann ich lange bürsten, bis er wieder ohne ist.« Nicht nur die Kügelchen kleben. Das Kraut mit seinem vierkantigen, kletternden Stängel, die etagenweise angeordneten Blattrosetten mitsamt den im Sommer kugeligen Früchten – alle Teile kleben. Das machen die gekrümmten Borsten, die besonders gut zu fühlen sind, wenn ich die Pflanze von unten nach oben durch meine Hand ziehe. Ich pflücke einen Stängel und klebe ihn mit einer raschen Handbewegung an meinen Pullover, wo er als lang gezogene Brosche hängen bleibt.

»Von den jungen Spitzen des Klettenlabkrauts gebe ich gerne ein paar in den Salat, weil sie so lecker schmecken nach …«, lasse ich den Satz offen. Von denen, die bereits auf den Trieben herumkauen, werden unterschiedliche Meinungen in die Runde geworfen: »nach Gras«, »so würzig«, »nach Klettverschluss«. Kaum habe ich »nach Erbsen« gesagt, kommen Bestätigungen: »Ja klar, nach Erbsen.« Nicht alle empfinden das so. Denn es sind Labkrautspitzen und keine Erbsen, und sie schmecken nicht genau wie Erbsen – aber ein bisschen. Zumindest solange sie jung sind. Aber auch darüber hinaus fördern die gegessenen Spitzen das Wasserlassen und lindern Hautleiden.

Im Weitergehen sehe ich an den grünen, natürlichen Emblemen auf Jacken und T-Shirts, dass das klebende Kraut doch auch etwas Faszinierendes hat.

Die Schafgarbe mit ihren jungen Blättchen zeige ich an einem Exemplar unweit einer Schafweide, die unseren Weg säumt. Einer der beiden Männer unter uns, ganz in Waidmannsgrün gekleidet, betrachtet skeptisch ein Blättchen, das er zwischen seinen Fingern dreht. »Das ist Schafgarbe? Das Ding, das ausschaut, als bestände es aus vielen kleinen, an einem Stiel zusammengeklebten Blättchen? Woran soll ich das erkennen?« – »Genau daran«, freue ich mich. Denn der lateinische Beiname der Schafgarbe, *millefolium*, heißt tausendblättrig. Mit der schmutzigweißen, manchmal rosafarbenen robusten Blüte, die sich zusammensetzt aus vielen kleinen Blüten, ist sie uns eher vertraut.

Ich habe mir von all dem, was ich über die Schafgarbe gelesen habe, am besten behalten: Garwe ist ein mittelhochdeutsches Wort und bedeutet so viel wie Gesundmacher. Hirten haben beobachtet, dass ihre kranken Schafe besonders viel von dem Kraut fraßen. Aus dem Namen Schafgarwe, Schafgesundmacher, wurde im Lauf der Zeit Schafgarbe. Ich habe es ausprobiert und Tieren, die an Durchfall litten, Schafgarbe unter das Heu gemischt. Alle sind wieder gesund geworden. Ich hoffe, dass sich ihr Ungleichgewicht im Magen-Darm-Trakt mit dem Kraut schneller aufgelöst hat als ohne.

In diesem Sinne esse ich die jungen Schafgarbenblätter gerne im Salat, um meine Verdauung zu unterstützen. Gleiches würde später im Jahr ein Tee aus den Blüten bewirken.

Wenn ich im Februar und März Fastenkuren leite, empfehle ich, täglich eine halbe Stunde Mittagsruhe einzuhalten und dabei einen Leberwickel mit Schafgarbenwasser aufzulegen. Er erleichtert unserem größten Stoffwechselorgan, der Leber unter dem rechten Rippenbogen, seine Arbeit.

Die uralte Pflanze – man hat Blütenreste gefunden, die 60 000 Jahre alt sein sollen – hat mit ihrer großen Palette an Heilwirkungen schon mannigfaltig geholfen. Das spiegelt sich in einem ihrer Volksnamen wider, »Heil aller Schäden«. Eine Qualität der Schafgarbe liegt in der ausgleichenden Kraft, zum Beispiel hilft der Tee bei zu starker und zu schwacher Monatsblutung. Er wirkt auch entkrampfend und blutbildend. Und auf äußere Wunden gelegt fördern zerdrückte Schafgarbenblätter den Heilprozess.

Eine etwas ungewöhnliche Anwendung beschreibt Hildegard von Bingen: »Ein Mensch, der vom Vergießen der Tränen in den Augen verdunkelt ist, der zerstoße mäßig Schafgarbe und lege sie abends auf die geschlossenen Augenlider und lasse sie dort bis etwa um Mitternacht. Dann umstreiche er die Augenwimpern mit bestem und reinstem Wein und so werden die Augen geheilt.« Ich weiß zwar, wie es ist, nach vielem Weinen nicht so gut sehen zu können, aber dieses Rezept habe ich noch nicht ausprobiert.

Zuletzt noch ein Tipp für das Gesicht: Frische Schafgarbenblätter zerstampfen oder mit dem Nudelholz walzen, auflegen und eine Viertelstunde einwirken lassen. Das kräftigt, strafft und reinigt die Haut.

Unter den vielen Namen der Schafgarbe finde ich am anschaulichsten »Augenbraue der Venus«, wie sie im frühen Mittelalter genannt wurde. Um das den umstehenden Kräuterinteressierten zu demonstrieren, pflücke ich zwei Blättchen und halte sie als Augenbrauen über meine echten. Auf meine Frage, ob ich damit gut aussehen würde, ernte ich für meine Ohren kein überzeugendes Ja.

Auf der abschüssigen Wiese, dem letzten Abschnitt unseres Spazierganges, finden wir das bereits blühende Wiesenschaumkraut. »Die Blume habe ich gestern noch gepflückt als lila Farbton in meinem Frühlingsstrauß«, höre ich von rechts und anschließend die Frage: »Die ist aber nicht zu essen, oder?« Einen Salat nur aus Wiesenschaumkraut wollte ich nicht essen, aber die dunkelgrünen Blättchen, die wie zerzauste Federn am Stängel sitzen, mag ich als Gewürz im Salat. Jedes Blättchen schmeckt kräftig – mal mehr nach Senf, mal mehr nach Meerrettich oder Pfeffer. Das kommt vom Senföl. Was die Blättchen auch enthalten, ist Vitamin C, aber das schmecke ich nicht.

»Ist Ihnen schon mal die Spucke am Wiesenschaumkraut aufgefallen?«, frage ich. Noch ist es nicht so weit, aber in etwa einer Woche finden sich an vielen Stängeln Schaumklümpchen. Von ihnen hat das Wiesenschaumkraut seinen Namen. Jedes dient der Larve einer Schaumzikade als Lebensraum. Die Schaumhäufchen entstehen, indem eine Zikade aus dem Stängel Pflanzensaft saugt, den sie durch die Atemluft schaumig aufschlägt. Das ist doch genial eingerichtet von der Natur. Solche bespuckten Pflanzen aber bitte stehen lassen.

Als letzte Station unseres Spazierganges erreichen wir an einem geschützten Platz nahe dem Bach mein Picknickauto. Schon in der Frühe habe ich es hier abgestellt und den Schlüssel eingesteckt. Der Kofferraum birgt Bärlauchbutter, eine Frischkäsezubereitung mit Sauerampfer und eine riesige Schüssel, die zu drei Vierteln gefüllt ist mit einer Mischung aus Feld-, Blatt- und Eisbergsalat. Zehn Töpfchen habe ich vorbereitet, in jedem eine Handvoll Kraut: Löwenzahn, Pimpinelle, Knoblauchsrauke, Schafgarbe, Wegerich, Kerbel, Brennnessel, Giersch, Schlangenknöterich und Gundelrebe. Alles gestern gesammelt und nicht allzu klein geschnitten. Obenauf in jedem Töpfchen liegt ein ganzes Blatt des jeweiligen Krautes.

Meine Idee ist zum einen, im Schnelldurchgang die Kräuter wiedererkennen und benennen zu lassen. Zum anderen möchte ich ganz praktisch zeigen, in welchem Verhältnis ich Kräuter und Salat mische, und dann kosten lassen, wie das schmeckt. Die Töpfchen leere ich über der Schüssel, gieße dazu ein Dressing aus Essig, Öl und Salz und mische alles. Als Beilage gibt es Brot.

Selbst die skeptischsten Gesichter entspannen sich beim Kosten des Salates. Alle sind angetan von der schmackhaften Grünmischung, der köstlichen Butter und der leckeren Frischkäsezubereitung.

Zum Abschied bedanke ich mich beim Himmel für den trockenen Vormittag und wünsche allen einen guten Heimweg und einen guten Weg durchs Leben.

Semmelklöße mit Wiesenschaumkraut

Für 4 Portionen

6 altbackene Brötchen
300 ml Wasser
300 ml Milch
125 g Semmelbrösel oder Paniermehl
1 EL Mehl
2 Eier
1–2 TL Salz
1 Handvoll Wiesenschaumkraut

Die Brötchen in dünne Scheiben schneiden. Wasser und Milch in einem Topf erhitzen und darübergießen. Damit das Brot gleichmäßig durchweicht wird, bewege ich die Masse öfter. Nebenbei stelle ich das Paniermehl mithilfe einer feinen Küchenreibe aus hart gewordenen Brötchen selber her. Unter die geweichte Brötchenmasse rühre ich zunächst mit der Gabel Mehl, Eier und Salz. Von jungem Wiesenschaumkraut nehme ich das ganze Kraut, ansonsten nur einzelne Blättchen, hacke alles klein und gebe es dazu. Das Paniermehl knete ich zuletzt am liebsten mit der Hand unter, um fühlen zu können, wie feucht oder trocken die Masse ist. Sollte sie noch sehr kleben, kann weiteres Paniermehl Abhilfe schaffen. »Auf keinen Fall mehr Mehl nehmen«, sagt Martha, von der ich das Rezept übernommen habe. Da sie die eifrigste Semmelklöße-Köchin ist, die ich kenne, halte ich mich an ihre Erfahrung. Mit nassen Händen forme ich die Klöße und lege sie in einen Topf mit reichlich kochendem Wasser. Das Ganze einmal kurz aufkochen und dann bei reduzierter Hitze etwa 20 Minuten ziehen lassen. Wenn die Klöße gar sind, schwimmen sie an der Oberfläche. Mir schmecken sie am allerbesten einfach so zu Salat mit viel Dressing.

Kartoffelsalat mit Klettenlabkraut nach dem Rezept meiner Mutter

Für 4 Portionen

1 kg Pellkartoffeln
4 Eier, hart gekocht
1 große Zwiebel
600 ml Wasser
1 TL Kräuterbrühpaste, gehäuft
3 TL Salz
je 1 EL Bertramkraut, Ysopkraut, Quendelkraut, gerebelt
1 TL Senfkörner
1 TL Galgantwurzel, gehackt
5 EL Öl
5 EL Weinessig
200 g saure Sahne
1 Handvoll Spitzen von Klettenlabkraut

Die noch warmen Pellkartoffeln schälen und in Scheiben schneiden. Die hart gekochten Eier schälen und geviertelt in das Gefäß geben, in dem später die Soße zubereitet wird. Die Zwiebel schälen, klein schneiden und in 300 ml Wasser mit der Kräuterbrühpaste (nach Hildegard von Bingen, rein pflanzlich, ohne Lauch und Kohl) und dem Salz etwa 10 Minuten köcheln lassen. In dem verbleibenden Wasser Bertram, Ysop, Quendel, Senfkörner und Galgant ebenso lange köcheln. Zu den Eiern gebe ich nun die Zwiebeln mitsamt ihrem Sud und das gesiebte Kräuterwasser. Dazu kommen Öl, Essig und die saure Sahne. Mit dem Stabmixer püriere ich alle Zutaten. Die entstandene Soße gieße ich über die Kartoffeln und lasse das Ganze ein paar Stunden ziehen. Die fein gehackten Spitzen des Klettenlabkrautes hebe ich erst kurz vor dem Servieren unter.

Meiner Erfahrung nach ist der leckere Kartoffelsalat durch die vielen Kräuter sehr bekömmlich.

Extratour

Über Eberesche, Holunder und Heckenrose wollten sie etwas erzählt haben. Keiner der drei trägt zu diesem Zeitpunkt Blüten oder Früchte und einzig der Holunder ist belaubt. Es gibt also wenig zu sehen und noch weniger zu schmecken. Deshalb erweitere ich den Kräuterspaziergang nach dem offiziellen Ende nur für die kleine Gruppe von Interessierten, die mich bereits bei der Anmeldung darum baten.

Von unserem Pichnickplatz aus brauchen wir uns nur umzudrehen, einen Schritt auf den Waldrand zuzugehen und stehen vor einem Strauch, dessen Blätter sich gerade neu erfinden wollen. Zu jung und zart sind die noch nicht ganz entfalteten Blätter, um als Erkennungsmerkmal zu dienen. Ich hole mein Buch hervor und zeige das Umschlagfoto, auf dem die ausgewachsenen Blätter und die korallenroten Beeren im Spätsommer zu sehen sind, die Kennzeichen der Vogelbeere oder Eberesche. »Aber die ist doch giftig!«, ruft die Frau mit dem Regenschirm, der ihr als Spazierstock dient. Ich nicke, weil ich den Satz schon oft gehört habe. Ohne ein Wort dazu zu sagen, registriere ich das Erstaunen in der Gruppe, als ich ein Blatt breche, es auffächere und ein Teilblättchen davon in den Mund stecke. Weitere Blättchen reiche ich den Umstehenden zum Probieren. Erstaunt sehe ich, dass ausnahmslos alle das grüne Etwas in den Mund stecken. Mit einer Falte zwischen den Augenbrauen konzentrieren sie sich auf das Gekaute. »Es braucht etwas Geduld, der Geschmack zeigt sich nicht auf Anhieb«, ermutige ich, in der Hoffnung, dass niemand das wenige Grün ausspuckt, weil nichts Besonderes zu schmecken ist. Plötzlich höre ich von rechts »Bittermandel«, von links »Marzipan«. Und dann: »Ach ja!« – »Ein Nachtischbaum«, sage ich. Die Blätter haben diesen Geschmack von der Blausäure, die sie enthalten. Keine Angst, es besteht keine Gefahr der Überdosierung. Denn so lecker der Geschmack auch ist, er macht nicht Appetit auf mehr, wie etwa Schokolade.

Manche pflücken bereits die Blüten und bereiten daraus einen Frühstückstee. Ich warte lieber, bis aus den Blüten Früchte geworden sind. Dass diese giftig sind, haben wir als Kinder so oft gehört, dass wir den Strauch – der sich je nach Standort zu einem Baum entwickelt – gemieden haben, als sei es gefährlich, auch nur in seine Nähe zu kommen. Dabei gibt es Geschichten, in denen die Eberesche den Menschen Schutz bietet auf der Flucht vor wilden Tieren oder gar dem Teufel. Vor dem Teufel im Allgemeinen habe ich keine Angst. Vor meinem Teufel schon. Der sitzt in meinem Kopf und plappert manchmal unaufhörlich von meinen Unzulänglichkeiten. In einem Experiment hörte ich ihm unter einer Eberesche sitzend bewusst zu. Dabei fiel mir auf, dass ich von dem alltäglich Gesagten um mich herum viel mehr auf mich persönlich beziehe, als mich tatsächlich betrifft. Mit dieser Erkenntnis stand ich auf und dachte auf dem Heimweg: In der Tat, ein Schutzbaum!

Wie giftig die roh gegessenen Beeren sind – und ob überhaupt –, darüber habe ich Aussagen gelesen von »vier Beeren roh gegessen können tödlich sein« bis zu »der Genuss großer Mengen kann zu Durchfall führen«. Ich halte mich daran, dass die Früchte gekocht ihr Gift verlieren, und bestätige, dass sie nach dem ersten Frost schmackhafter sind, wie die Schlehen. Wenn ich sie aber so lange hängen lassen würde, könnte ich keine Früchte mehr ernten, weil die Vögel schneller wären als ich. Der Vogelbeerbaum macht halt seinem Namen Ehre, weil seine Früchte früher zum Anlocken und Fangen von Vögeln genutzt wurden. Also schneide ich die Dolden mit den harten Beeren, sobald ihr Rot mir gefällt, und lege sie ein paar Tage in die Gefriertruhe.

Aus meinem kleinen Rucksack hole ich ein Glas hervor. Es enthält ein Mus aus Vogelbeersaft gekocht mit Äpfeln. Ich gebe es in die Runde, damit jeder mit seinem Löffel davon probieren kann. Im ersten Moment kommt freundliche Zustimmung. Im zweiten zeigt sich das typisch Herbe der Vogelbeere, was nicht allen mundet. Die wohlwollendste Meinung ist ein Vergleich mit dem Geschmack der Preiselbeere, der gut zu Wild passt. Doch schnell sind sich alle einig: Das ist keine Marmelade für das Samstagmorgen-Brötchen. Als Medizin eingenommen wirkt das Mus regulierend auf den Darm, die Blase und die Menstruation. Ich schätze die Vogelbeere wegen ihres hohen Gehalts an Vitamin C. Er verhalf ihr in meiner Heimat zu dem Namen »Sanddorn des Hunsrücks«, weil der Sanddorn, der an den sandigen Küsten Mitteleuropas wächst, ebenfalls für den hohen Vitamin-C-Gehalt seiner Früchte bekannt ist.

Von meinem Vater habe ich die Liebe zum Gesang geerbt. Im Winterhalbjahr singen wir gerne und oft zusammen. Im Sommer auch – dann am Telefon. Das Lied »Heimat« mit dem wunderschön klingenden zweistimmigen Refrain gehört zu unserem Repertoire. Darin gefällt mir die zweite Strophe mit dem Bild der korallenroten Esche am besten.

Leuchtet die Esche korallenrot,
reift auf den Feldern das täglich Brot,
rüsten die Schwalben zum Flug nach Süd,
raunt in dem fallenden Laub ein Lied:
Heimat, o Heimat, o Heimat mein.

Es sind nur ein paar Meter, die wir am Waldrand entlang weiterlaufen, bis wir vor einem Strauch stehen bleiben. Ich drücke die Blätter eines jungen Triebes kräftig mit der Hand und lasse die Umstehenden an meiner Hand riechen. Typisch Holunder, Schwarzer Holunder. Früher war mir der Geruch eher unangenehm. Heute finde ich ihn herrlich.

Als Kinder haben wir mit Mutter Nachmittage lang die Dolden gepflückt oder geschnitten und Eimer um Eimer damit gefüllt.

Die dicksten und schwärzesten Beeren hingen weit oben in den spröden Ästen. Sie erreichte nur meine leichtere und im Klettern geschicktere Schwester. Während sie sich nach den herben Früchten reckte, stand ich unter dem Strauch und wartete auf herabfallende Astteile. Diese bearbeitete ich mit der Schere so lange, bis ich mit den Fingernägeln das weiche weiße Mark herausschaben konnte, das ich zwischen Daumen und Zeigefinger zu Kügelchen rollte. Zielgerichtet schnippte ich sie in die Luft, als ob ich nach unsichtbaren Spatzen schösse. Noch während ich neben der Schubkarre herlief, die beladen mit drei übervollen Eimern von Mutter geschoben wurde, kratzte ich unter meinen Nägeln den Rest des Marks hervor.

Die ganzen Dolden kamen in den Dampfentsafter und der Saft wurde heiß in Flaschen abgefüllt. Diesen Holunderbeersaft tranken wir den Winter über, verdünnt mit Wasser, kalt zu den Mahlzeiten, bis der Vorrat aufgebraucht war. Ich erinnere mich nicht an Bauchweh, nachdem ich den tiefdunklen Saft getrunken hatte. Eine Überdosierung soll nämlich zu Brechreiz und Durchfall führen. Aber an Holunderbeergelee erinnere ich mich, den mit Gelierzucker gekochten Saft gab es das ganze Jahr über. In meiner Rangliste von »Siießschmea«, was so viel heißt wie süßes Butterbrot, stand an erster Stelle Erdbeermarmelade. Dann kam Apfelgelee. Und dann Pflaumenmus. Der Brotaufstrich aus Holunder schmeckte mir zu streng. Weil aber das nächste Glas erst geöffnet wurde, wenn das aktuelle leer war, half ich ohne Murren, das Holundergelee zu essen.

Die Früchte haben wohl gewirkt, denn ich erinnere mich nicht daran, im Winter häufiger krank gewesen zu sein. Heute weiß ich, dass täglich ein Gläschen heiß getrunkener Holunderbeersaft Erkältungen vorbeugt. Er regt auch den Darm an und wirkt bei Nervenschmerzen.

Die Blüten haben wir zu Hause nicht verwendet. Das mache ich erst, nachdem ich vor vielen Jahren einen Setzling mit auf die Alp genommen habe. Ich hatte nämlich gelesen, dass der Holunder als hoch geschätzter Busch früher auf keinem Bauernhof fehlte. Angeblich zieht er gute Hausgeister an, und alle Teile – Wurzeln, Rinde, Blätter, Blüten, Beeren – sind so heilkräftig, dass die Männer beim Vorübergehen ihren Hut vor ihm zogen.

Ich pflanzte den Setzling unmittelbar neben den Misthaufen, was er mir innerhalb weniger Jahre mit einem üppigen Wuchs und reichen Blüten und Beeren dankte. Aus den stark nach Holunder riechenden Blüten bereite ich nach Rezept einen Sirup. Eine Blütendolde mit kochendem Wasser übergießen und als Tee zur Stärkung der Abwehrkräfte trinken, das mache ich, wenn es zum Sommeranfang kalt ist wie im Winter.

Als ich die erste Marmelade von meinem Holunderbusch kochte, merkte ich erst, wie zeitaufwändig es ist, die Beeren von den Rispen zu lösen. Und ich war meiner Mutter dankbar, dass sie früher ausschließlich Gelee aus dem Saft kochte.

Im vergangenen Winter haben wir den Hollerbaum, wie Vater ihn nennt, an seinem Haus abgesägt, weil Mutter es leid war, immer wieder die dunkelblauen Hinterlassenschaften der Vögel wegzuputzen, die Vater unter seinen Schuhsohlen mit ins Haus brachte. Es war ein riesiger Busch, der über dem Schwert der Motorsäge zu Boden krachte. Sosehr ich meine Mutter verstehen konnte, so froh war ich, dass ein zweiter Strauch am Gartenzaun, weiter weg vom Haus, stehen bleiben durfte.

Um die Heckenrose zu zeigen, habe ich einen Strauch gewählt, der an der Straße zum Dorf auf unserem Rückweg wächst. Ein heller Ort, ein Strauch, dessen aufragende Äste nach oben überhängen und sich in Richtung Erde neigen. Noch tragen sie kein Grün, dafür ist das Frühjahr zu jung. Aber die sichelförmigen Dornen, mit denen die

Äste gespickt sind, sehen aus, als seien sie schon alt. Und noch sind keine Anzeichen von dem zu erkennen, was mich die Heckenrose so lieben lässt: ihre wunderschönen hellrosa Blüten.

Am Rande meines Alpgartens hatte ein Vogel mir mit seinem Kot den Samen für eine Heckenrose gelegt. Sie wuchs innerhalb von zwei Jahren zu einem ausladenden hohen Strauch, der alle Jahre wieder ab Ende Juni übersät ist mit Knospen. Wenn ich an einem Morgen sehe, dass die ersten sich geöffnet haben, laufe ich hin, schaue, rieche, staune und bin glücklich. Je länger ich den lieblichen, süßen Geruch in mich aufnehme, umso mehr kommt er mir vor wie ein köstlicher, vollmundiger Nachtisch. Nicht auf der Zunge – in der Nase.

Wunderbar sind die Blüten auch als Zusatz für ein Händebad. Zu warmem Wasser in meiner schönsten Schüssel, einer einstigen Waschtischschüssel, gebe ich flüssige Wildrosenseife. Mit einem Schneebesen schlage ich so lange, bis sich der Schaum auf der Oberfläche türmt. Obendrauf streue ich Wildrosenblätter. Ein königliches, nahrhaftes Händebad! Obwohl es so einfach anzurichten ist, gönne ich es mir in der kurzen Zeit der Heckenrosenblüte nur selten.

Weil sich an meinem Strauch jeden Tag viele neue Blüten öffnen, fällt zunächst gar nicht auf, wie kurzlebig diese zerbrechlichen Schönheiten sind. Von einem zum anderen Tag blüht eine Knospe voll auf, verströmt sich als Eintagsrose und hinterlässt ihre Kraft dem Samen. Wenn es nach einer stürmischen Nacht am Boden unter dem Strauch ausschaut, als habe der Himmel mich mit einem Blumenteppich aus rosa, herzförmigen Blüten beschenkt, dann hat der Heckenrosenstrauch seinen Blütenzenit überschritten. Und beim genauen Hinschauen sehe ich, dass bereits die grünen Früchte, behütet von fünfzackigen grünen Kronen, sich runden.

Von diesen Früchten hat die Heckenrose ihren zweiten, ebenso gebräuchlichen Namen Hagebutte. Die ovalen Hagebutten, die feuerroten, reifen Früchte, sind zunächst hart, werden aber weicher, je länger sie hängen.

Bei einer Freundin habe ich zum ersten Mal Hagebuttenmus gegessen, als ich siebzehn Jahre alt war. Ich besuchte damals eine Schule fern der Heimat und wohnte mit Annette Tür an Tür in einem Wohnheim. Es war eine Zeit, in der vieles neu und abenteuerlich war. So auch der Geschmack von Hagebuttenmus, das Annette zum Frühstück auf den Tisch stellte. Das Mus schmeckte so fein, dass ich es mir öfters in einem Reformhaus kaufte. Sein großer Anteil an Vitamin C, bedeutend höher als bei Orangen oder Zitronen, hat mich sicher unterstützt, auch die Strapazen dieser Zeit gut zu überstehen.

Danach vergaß ich dieses gute Mus für Jahre. Erst auf der Alp, mit den Früchten vor der Tür, kam mir die Idee, selber welches zu kochen. Nach Anleitung aus einem Kochbuch wusch ich die Früchte, schnitt Kopf und Hinterteil ab, halbierte sie und versuchte, das Innere, die vielen harten Kernchen und die Haarteilchen, aus der Fruchtfleischhülle herauszulösen. Es mag sein, dass ich mich ungeschickter anstellte, als nötig gewesen wäre. Vielleicht waren die Früchte auch überreif. Auf alle Fälle klebten nicht nur meine Finger – meine ganzen Hände, das Messer, die Schüssel, der Tisch, der Kochtopf, das Waschbecken und die Türklinke. Je lustloser ich wurde, umso intensiver färbte sich mein Schlachtfeld. Zwischen dem ersten Gedanken daran und der Tat, die Gefäße auf den Kompost zu leeren, lag die immer wieder aufkommende Frage: Wie kriegen andere das hin? Heute weiß ich, dass ich wenigstens die Kerne hätte waschen, trocknen und als Tee aufbewahren können, der in der Zubereitung eine halbe Stunde gekocht wird.

In einem zweiten Versuch schnitt ich vor dem Waschen nur die Blütenzipfel der Früchte ab. Die ansonsten unversehrten Hagebutten gab ich in einen Topf, goss nach Gefühl Wasser dazu und kochte sie. Dass es zu wenig Wasser war, merkte ich daran, dass es mir erst gelang, die dicke Pampe durch einen Durchschlag zu passieren, nachdem ich sie durch Zugabe von viel Wasser geschmeidiger gerührt hatte. Um alle Härchen herauszufiltern, strich ich die farbintensive Masse noch durch ein feinmaschiges Sieb. Die Ausbeute war nicht groß, schmeckte aber mit Zucker aufgekocht sehr lecker. So wie ich es in Erinnerung hatte. Immerhin konnte ich drei Gläschen mit dem heißen Mus füllen. Diese waren mir so kostbar, dass ich nur Weihnachten und meinen Geburtstag zum Anlass nahm, eines zu öffnen. Das letzte aß ich erst, als die Heckenrosen im Jahr danach leuchteten.

Da beim Kochen ein Teil des Vitamin C verloren geht, mache ich im Herbst gerne eine Kur mit frischen Früchten zur Stärkung der Abwehrkräfte. Dazu nehme ich nur Hagebutten, die vom Frost weich geworden sind. Wenn ich vorsichtig auf eine solche Frucht drücke, quillt aus dem Loch, wo der Stiel saß, pures Fruchtfleisch heraus. Dieses esse ich täglich von zwei, drei Früchten, bis ich keine Lust mehr darauf habe.

Für mich ist die Hagebutte – mehr noch als ein Vitaminträger, der mir hoffentlich hilft, gut in den Winter zu gehen – eine Augenweide. Sie macht den stillen Herbst mit seinen braunen, abgeklärten Weiden durch ihre Farbtupfer noch reicher.

Vogelbeer-Apfel-Mus

5 kg Vogelbeeren
1 kg geputzte Äpfel
ca. 500 g Zucker, Honig oder Ahornsirup
(Menge nach Geschmack)

Die Vogelbeeren gut waschen und ein paar Tage in die Gefriertruhe legen. Danach wird der Saft am einfachsten in einem Dampfentsafter gewonnen. Ich habe auch schon die Beeren mit wenig Wasser gekocht und gestampft, bis sie breiig waren, und dann durch ein Sieb passiert. Das Sieb sollte so feinmaschig sein, dass es selbst die kleinen, harten Körner der Frucht zurückhält. Dazu muss man den Saft eventuell ein zweites Mal durch ein feinmaschigeres Sieb gießen. Die Äpfel schäle und putze ich wie zum Kochen von Apfelmus. Der Vogelbeersaft wird mit den Äpfeln gekocht. Wenn die Früchte am Zerfallen sind, gebe ich den Zucker dazu und rühre das Mus kräftig mit einem Schneebesen. Um es haltbar zu machen, fülle ich es heiß in Schraubdeckelgläser.

Holunder-Apfel-Marmelade
von meiner großen Schwester Rosel

500 g Holunderbeeren, geputzt und gewogen
375 g Äpfel, geputzt und gewogen
875 g Gelierzucker
3 Zitronen
Zimt nach Geschmack

Die Holunderbeeren mit den Fingern oder einer Gabel von den Dolden lösen. Ich trage dazu Einmal-Handschuhe und einen alten Arbeitsanzug, bei dem ich mich nicht ärgere, wenn er Saftflecken bekommt. Die geputzten Äpfel können sehr klein geschnitten oder, was ich lieber habe, gerieben werden. Die Holunderbeeren mit den Äpfeln und dem Gelierzucker mischen und zugedeckt über Nacht stehen lassen. Am nächsten Tag die Zitronen auspressen und über die Holunder-Apfel-Mischung gießen. Ebenso den Zimt – ich nehme 3 Teelöffel – darüberstreuen. Die ganze Masse unter Rühren zum Kochen bringen und 4 Minuten lang sprudelnd kochen lassen. Nun schöpfe ich mit einem Pappbecher die heiße Marmelade aus dem Topf in ein Schraubdeckelglas. Den oberen Rand des Bechers drücke ich leicht zusammen, sodass ein Ausguss entsteht, der kleiner ist als die Öffnung des Glases. Auf diese Weise kleckert beim Einfüllen keine Marmelade über den Rand. Das volle Glas verschließe ich sofort und stelle es zum Erkalten auf den Kopf.

Mein Sommerleben

Es fühlt sich jedes Mal so an, als sei ich nicht weg gewesen. Und gleichzeitig so neu, so frisch, so unverbraucht. Als säße ich zum ersten Mal hier auf der Veranda. Als sähe ich sie zum ersten Mal, die Linie auf der anderen Seite des Tales, die den Himmel von den Berggraten trennt, und das rote Ziegeldach auf Augenhöhe. Ansonsten Grün – die Wälder, die Weiden, die Berge, mein Anorak. Sommerheimat gepaart mit Sommerabenteuer. Eine vielversprechende Mischung. Dabei ist es mein zweiundzwanzigster Alpsommer. Mit Lasa, meinem treuen Begleiter, mache ich einen Rundgang. Die Weide, die in einem Monat als Erste von den Rindern abgegrast wird, ist die fetteste. Dunkelgrün ist das junge Gras auf den oben abgeflachten Erhebungen. Sie werden von den Tieren gerne als Liegeplatz genutzt und sind deshalb gut gedüngt. Ich laufe schnurstracks in Richtung des Gatters, das den Zaun zum Nachbarn unterbricht. Lasa bei Fuß. Schon aus einiger Entfernung erkenne ich, wonach ich suche, kleine, weiße Tupfer im Gras – Krokusse. Unweit davon das Aschenrondell, der Feuerplatz vom Herbst. Ihn wird bald der Katzenschwanz, oder auch Schachtelhalm, beleben.

In Sonnenuntergangsrichtung liegen weitläufige feuchte Weidegründe. Hier trete ich mehr Binsen als Gras mit den Füßen. Und dazwischen Hahnenfuß, dessen Blütenknospen zum Bersten prall stehen. Den Übergang von hier zum Hochmoor markieren Felder von Wollgras. Bisher blieb es eine Idee: Wenn es blüht, zupfe ich den weißen Flausch und fülle mir damit ein Kissen.

Magerer Boden, spärlich das Gras – meine Lieblingsweide. In kurzer Zeit wird sie sich verwandeln in eine einzige Farbenpracht, das gesamte Spektrum des Regenbogens auf der Erde. Vom Lila des Knabenkrautes über das Gelb der Schlüsselblumen zu den rosa überzogenen Quendelhügeln. Und ein Duft, allen voran der nach

Waldhyazinthe. Ein Paradies für Schmetterlinge, Heuschrecken und Kräuterliebhaber. Am Bach, der die Weide von Norden nach Süden durchschlängelt, laufen wir ein Stück aufwärts. Ufernahe Tannen umgehe auch ich in dem steilen Hang auf Händen und Füßen. Kurz vorm Wald verliert das Wasser den Boden und stürzt, ohne zu zögern, mit spielerischer Leichtigkeit herab. Es ergießt sich in ein Steinbecken – schon bald ein Tummelplatz für Molche. Lasa watet vorsichtig, aber zielstrebig in das Becken. Legt sich in dem vom Moor leicht bernsteinfarbenen Wasser auf den Bauch, lässt den Schwanz schwimmen und schleckt Wasser mit langer Zunge. Das will ich auch. Ich ziehe Schuhe und Strümpfe aus, suche mir am Ufer einen vom Wasser unterspülten, ebenen Erdüberhang, von dem aus meine Füße bequem ins Wasser baumeln können. Während ich von einem reichen Sommer träume, überfällt mich plötzlich von rechts Rieselregen. »Lasa«, rufe ich und mache eine ausladende Armbewegung in seine Richtung, die er verstehen soll als: Zum Schütteln weiter weg, aber dalli. Beim Umdrehen nach dem Hund sehe ich weit bergab einen Abschnitt des Hüttendaches. Dass der Anblick zweier Eternitplatten, deren Oberkanten aneinanderstoßen und einer Hütte darunter Schutz gewähren, mich so glücklich machen kann!

Gundelrebe – die wilde Schwester der Petersilie

Absetzen. Ich muss die Eimer absetzen. Ich habe die Kraft meiner Schultern und Arme ganz schön überschätzt. Während ich mich strecke und mit einem schweren Seufzer ausatme, denke ich an Atlas, den Titan. Welche Kräfte er besessen haben muss, um den ganzen Erdball zu tragen!

Ich wollte nur schnell Wasser holen. Das erste Stück Weg vom Brunnen bis zur Hütte ist noch immer holprig. Gemach, gemach, sage ich mir. Meine Hosenbeine sind bereits nass von dem überschwappenden Wasser der Zehn-Liter-Eimer, einer in meiner rechten und einer in meiner linken Hand. Ich hätte sie nicht so voll machen müssen. Diese schon vertraute Erkenntnis setze ich zu meinem Erstaunen stehenden Fußes um. Ich leere beide Eimer bis zur Hälfte. Schließlich ist es das erste Mal, dass ich in diesem Sommer Wasser vom Brunnen zur Hütte trage. Mit den Augen plane ich den vor mir liegenden, leicht ansteigenden Weg über Steine und Erdabsätze, den ich gleich weiterlaufen werde, mit der halben Last.

Als ich mich nach dem Eimergriff bücke, fällt mein Blick hinter den angrenzenden Zaun. An der ausgewaschenen Steinplatte, die aussieht wie ein Zwergenbett, stehen kleine, blaulila Blüten im Gras. Ein idealer Standort, die Sonne von vorn und den Stein als Schutz und Wärmespeicher im Rücken. Auf kurzen Stängeln mit ein paar Blättern hat die Gundelrebe den Winter überdauert. Jetzt sprießt sie. Den länger werdenden Trieben wachsen in gleichmäßigen Abständen Würzelchen, mit denen die Pflanze sich immer wieder am Boden verankert. Aber das Ende jedes Ausläufers richtet sich etwa handlang auf und treibt diese freundlichen Blüten.

Hier oben steht die Gundelrebe an einem wirklich schönen Ort, denke ich. Ich hatte ihresgleichen schon vor Wochen in der Stadt gesehen. Auf dem grünen Mittelstreifen der vierspurigen Straße säumten sie den Bordstein. Trotz Staub und Lärm schauten sie freundlich drein. Ob sie wohl wissen, dass sie hier oben Artgenossen haben? Welchen Ort sie wohl wählen würden, wenn sie könnten? Nun, einen Vorteil haben die Stadtbegrüner, sie landen sicher nicht in Rinder- oder Ziegenmäulern.

Als Standort gefällt mir auch der geschützte Platz unter der Hecke vor meinem Elternhaus. Diesen Pflanzen bin ich sogar ein bisschen dankbar. Denn früher galt ihre Anwesenheit als Verkörperung von guten Geistern für Haus und Hof. Es ist mir eine schöne Vorstellung, dass sie durch ihr bloßes Dasein helfen, über den Ort zu wachen, an dem meine Eltern leben und den ich liebe.

In diesem Sinne hat es nicht etwa die Gundelrebe auf der Alp gut. Sondern ich habe es gut mit ihr. Auch weil sie so nahe und so sauber ist, dass ich mir ihre Kieselsäure und ihr Vitamin C ohne Weiteres zunutze machen kann.

Ich pflücke ein herzförmiges Blättchen, dessen Rand mich an den Saum eines Puppenkleidchens erinnert, mit den kleinen Luftmaschenbögen in der Abschlussrunde. Das Blatt ist so klein, dass es fast zwischen meinem Daumen und Zeigefinger verschwindet. Beim Zerreiben fühlt es sich geschmeidig an, ein bisschen wie Samt. Das kommt von dem Öl, das auf Wunden gestrichen bei der Heilung hilft. Ich schnüffele an dem Grün zwischen meinen Fingerspitzen. Es riecht nach Minze. Es riecht nach Harz. Würzig und aromatisch zugleich. Mit dem Geschmack auf der Zunge ist es das Gleiche, diese ungewohnte und doch irgendwie nicht unbekannte Mischung, einfach gundelrebig.

Unter den Kräutern habe ich die Gundelrebe besonders gerne, weil sie mich lehrte, mehr als meine Augen zu nutzen, um mir eine Pflanze vertraut zu machen. Wenn ich eine niedrige Pflanze mit blaulila Blüten sah, schaute ich nach ihren Blättchen. Waren sie »umhäkelt«, zerrieb ich eines, spürte, wie es sich anfühlte, und roch daran. Fiel der Befund gundelrebig aus, steckte ich das Blättchen in den Mund, um zu prüfen, ob auch der Geschmack stimmte. Diese Gundelreben-Erkennfolge, wieder und wieder gespielt, half mir, die Pflanze im Frühjahr innerhalb kurzer Zeit treffsicher zu erkennen.

Damit war die Gundelrebe ein Meilenstein auf meinem Kräuterweg. Die Reihenfolge von sehen, spüren, riechen, schmecken ist logisch und in der Regel ungefährlich.

Ich erinnere mich an einen Abendspaziergang zu der Zeit, als ich in der Nähe von Düsseldorf lebte. Um zwischen Feldern, Wiesen und Bäumen spazieren gehen zu können, wonach ich mich in der Stadt manchmal sehnte, war ich ein Stück mit dem Auto rausgefahren. Es dämmerte bereits, als ich mich auf dem Weg nach einer Pflanze bückte, die ich zu kennen glaubte, sie pflückte und in den Mund steckte. Erst auf den zweiten Biss war der Geschmack unangenehm und im nächsten Augenblick ekelig. Giftig!, durchfuhr es mich, gefährlich giftig. Augenblicklich drehten sich meine Gedanken und ich spuckte um mein Leben. Lieber Gott, steh mir bei. Ich will nicht sterben – ausspucken –, hoffentlich ist sie nur halb so giftig, wie sie schmeckt, – ausspucken – ich glaube, ich habe nur draufgebissen, aber nichts davon runtergeschluckt, – ausspucken – eine Braun stirbt nicht an einem Kraut! – Spucke aus den letzten Winkeln des Mundes sammeln und ausspucken – ich stecke nie mehr im Dunkeln ein unbekanntes Blatt in den Mund – mit immer weniger Speichel den Mund »ausspülen« und ausspucken – ob Magenauspumpen richtig wäre? Die Spucke ging mir aus.

Ich erreichte das Auto. Ich fuhr nach Hause. Ich ging zu Bett. Ich erwachte am Morgen, in meinem Schlafzimmer. Dem Himmel sei Dank. Aus dieser Überlebenserfahrung folgerte ich etwas sehr Wichtiges für meine Kräuterzukunft. Bevor ich eine Pflanze in den Mund stecke, sollte ich wissen, dass sie nicht giftig ist. Und nicht alle Pflanzen, die giftig schmecken, sind es auch.

Heute weiß ich: Wenn ich mit den stolzesten und eigenwilligsten Tieren, die ich kenne, den Ziegen, auf der Weide frühstücken und die Kräuter unter meinen Füßen essen würde – ich würde mich nicht vergiften. Das heißt nicht, dass es keine giftigen Pflanzen gibt. Wohl aber, dass es viel weniger sind, als ich früher glaubte. Dabei würde ich natürlich nur das Grün essen, das ich kenne, etwa Wegerich, Gänseblümchen, Brennnessel, Löwenzahn, Sauerampfer. Der gelbe Hahnenfuß, den keine Kuh, kein Rind und keine Ziege frisst, der würde auch mir nicht bekommen. Und auch die weißen, luftigen Frühlingsverheißer, die Buschwindröschen, auch ein Hahnenfußgewächs, gehören nur in die Vase.

Woher die Gundelrebe, mancherorts auch Gundermann genannt, wohl ihren Namen hat? Angeblich haben Menschen in früheren Zeiten mithilfe dieser Pflanze, deren lange, biegsame Stängel an Weinreben erinnern, eitrige Wunden erfolgreich behandelt. Und weil damals das Wort für Eiter *gund* war, gaben sie dem Kraut den Namen Gundelrebe. In der Botanik und der Pharmazie heißt die Gundelrebe lateinisch *Glechoma hederacea*. Daneben hat sie allerlei sogenannte Volksnamen, zum Beispiel Udrang, Stinkender Absatz oder Huder. Bei diesen Namen entsteht vor meinem geistigen Auge kein Bild, anders ist es bei »Guck durch den Zaun«. Den kann ich gut nachvollziehen, denn in meiner Winterheimat gibt es im Frühling keinen Zaun nach Süden hin, an dem keine Gundelrebe wächst. Am nachhaltigsten hat mich aber die Bezeichnung Wilde Petersilie beschäftigt.

Wenn ich mir die Wilde Petersilie, die Gundelrebe, so vertraut mache wie die Gartenpetersilie, werde ich sie immer und überall wiedererkennen, dachte ich, als ich anfing, mich für Kräuter zu interessieren. Denn krause Gartenpetersilie, wir nannten sie damals schlicht Petersilie, war mir schon als Kind unter den Gewürzkräutern mit Abstand am meisten vertraut. Wenn Mutter mich sonntags nach dem Kirchgang in den Garten schickte, um Petersilie zu schneiden, kam ich immer mit dem richtigen Kraut zurück.

Die Verbindung zwischen der krausen Gartenpetersilie und der Gundelrebe ist mir bis heute geblieben. Ich verwende Gundelrebenblättchen wie früher Petersilie: frisch gehackt über Eintopf, Gemüse und Kartoffeln gestreut.

Bisher nur gelesen habe ich von Gundelrebe in der Gründonnerstagssuppe. Ostern ist nicht an ein bestimmtes Datum gebunden wie zum Beispiel Weihnachten. Ostern fällt immer auf den ersten Sonntag nach dem ersten Frühlingsvollmond, richtet sich also nach den Rhythmen der Natur. Es geht auf unsere Vorfahren, die Germanen, zurück. Zwei Tage vor dem Frühlingsfest aßen die Menschen als rituelle Speise eine Suppe aus neuen heilkräftigen Kräutern, darunter die Gundelrebe. Die Vorstellung, dass sie sich so mit den heilenden und heiligen Kräften der Natur verbanden, finde ich großartig.

Trotzdem habe ich noch nie für Gründonnerstag diese Suppe gekocht. Eine Spielart davon bereite ich mir manchmal zu, aber ohne auf das Datum zu achten, jedenfalls bisher. Ich dünste gehackte Zwiebeln und Dinkelgrieß in etwas Butter an, gieße mit Wasser auf und lasse alles zusammen köcheln. Das klein geschnittene Grün von Brennnessel, Wegerich, Schlangenknöterich, Gänseblümchenblättern und Gundelrebe kommt in den von der Herdstelle genommenen Topf. Ein paar Minuten ziehen die Kräuter darin, bevor ich die Suppe mit Salz abschmecke. In den Teller gebe ich noch geröstete Sonnenblumenkerne und als Beilage esse ich eine Scheibe Brot, die beidseitig auf dem Herd erwärmt wurde, sodass die Butter darauf schmilzt. Noch besser schmeckt die Suppe, wenn ich auf der Alp frischen, selbst gemachten Ziegenkäse zerbröckele und hineingebe.

Viel Ziegenkäse bekomme ich, wenn die Ziegen viel Milch geben. Frisch ist der Ziegenkäse für mich, solange er nicht älter ist als eine

Woche. Aber guten Ziegenkäse herzustellen ist eine Kunst. Aus meinen früheren Alpsommern kenne ich die Ratlosigkeit, wenn über längere Zeit der Ziegenkäse, den ich gemacht hatte, nicht zu genießen war oder zumindest nicht so schmeckte wie gewünscht. Nach meiner Erfahrung änderte ich die Einlabtemperatur um ein bis zwei Grad, desgleichen die Anzahl der Tropfen Lab. Ich schrubbte das Käsegeschirr besonders gut und brühte die Milcheimer mit reichlich Wasser aus. Wenn das alles nichts half, kam mir schon mal insgeheim der Gedanke, die Käsegötter hätten ihre Hand im Spiel und ich könnte sie um ihr Wohlwollen bitten.

Hätte ich im Mittelalter gelebt, wäre die Sachlage klar gewesen. Die Menschen glaubten nämlich, wenn eine Kuh Milch gab, die sich nicht zu Butter stampfen ließ, läge ein Zauber auf der Kuh. Dagegen gab es Milchzaubermittel. So ein Milchzaubermittel war die Gundelrebe. Um das Unerklärliche fernzuhalten, wand man einen Kranz aus Gundelrebe. Wenn ein Rind sein erstes Kalb geboren hatte und damit zur Kuh geworden war, hielt man beim ersten Melken diesen Kranz unter das Euter, sodass die Milch hindurchfloss. Damit war der Zauber, hoffentlich, auf immer gebannt.

Die mir über den Sommer anvertraute Herde besteht seit einigen Jahren nicht mehr ausschließlich aus Rindern, auch einige Kühe sind darunter. Die haben ihre Kälber dabei und werden von ihnen »gemolken«. Käse mache ich ausschließlich aus der Milch meiner Ziegen. Bis zum Auftrieb der Tiere in drei Wochen bin ich eine eingelaufene Wasserträgerin, die selbst im Mondschein den Weg vom Brunnen zur Küche mit vollen Eimern trockenen Hosenbeins läuft.

Gundelrebenomelett
Für 1 Portion

3 Eier
3 EL Milch
1 Prise Salz
1 Prise Pfeffer nach Geschmack
1 Handvoll Gundelrebe
1–2 EL Butterschmalz zum Backen

Für das Omelett verquirle ich die ganzen Eier, Milch, Salz und eventuell Pfeffer. Und das, obwohl Maria, eine Freundin, behauptet, das Omelett geriete luftiger, weicher, wenn ich zunächst nur das Eigelb nehmen und den geschlagenen Eischnee danach unterziehen würde. Die ganzen oder grob gehackten Blättchen der Gundelrebe rühre ich zuletzt unter die Masse. In einer mittelgroßen Pfanne erhitze ich das Butterschmalz und gebe allen Teig auf einmal hinein. Bei geschlossenem Deckel stockt die Masse. Das Omelett ist fertig, wenn seine Unterseite bräunlich gebacken und seine Oberseite noch glänzend und saftig ist.

Wald-Sanikel
Sanicula europaea
Seite 117

Zitronenmelisse – mein Schmierseifenkraut

Von einem »kuckuck« geweckt zu werden, das ist Mai auf der Alp – so hatte ich es mir vorgestellt. Und genau so ist es am ersten Morgen nach meiner Ankunft. Wenn mehr Vögel ihren eigenen Namen rufen würden, wäre mir das eine große Hilfe bei der Bestimmung der Tiere, die schneller wegfliegen, als ich sie im Fernglas orten kann. Wenn aber mehr Vögel es dem Kuckuck gleichtun würden – Eier in fremde Nester legen, sie ausbrüten und die Aufzucht der Jungen anderen überlassen –, das wäre ein Durcheinander.

Mit einer Tasse Kaffe, der ersten in diesem Sommer an diesem Ort, stehe ich auf der Veranda und lasse meinen Blick durch den Garten wandern. Der Kaffee schmeckt so köstlich, als sei mir nie ein besserer durch die Kehle geronnen. Ob das Quellwasser das Seine dazu tut? Oder die Luft? Oder mein Gemüt? Am wahrscheinlichsten eine Mischung aus allen dreien.

Aber der Garten! Wenn ich nicht wüsste, dass auf den Quadratmetern vor der Hütte letzten Sommer Gemüse und Kartoffeln und Blumen und Kräuter gewachsen wären, ich würde es nicht glauben. Und wenn er nicht umzäunt wäre, könnte ich nur erahnen, dass es ein Garten sein soll. Zwischen mehr Grasnarbe als Gartenerde zeugen letzte Spuren von verrottetem Mist von meinem Wunsch, die Erde an dieser Stelle besonders fruchtbar zu machen. Die Stauden an der Westseite und im Kräuterbeet sehen aus wie Gestrüpp, getrocknetes Überbleibsel vom Vorjahr. Meine Hände umschließen die Tasse fester bei dem Gedanken an meinen Rücken, der sich nach der Winterpause erst an die körperliche Arbeit gewöhnen muss. Hoffentlich überfordere ich ihn nicht schon am ersten Tag mit meiner Idee, in kürzester Zeit aus dem Stück Erde wieder einen Garten zu machen.

Beim Gang über die Steinplatten zwischen den Beeten, beim Hinschauen aus der Nähe, sehe ich mehr als Reste vom Vorjahr. Zu meiner Rechten sprießt Grün zwischen den daumendicken, grau verwitterten Hülsen, die neue Generation einer alten Staude. Zum intensiven Geschmack der Blätter, finde ich, passt der Name Maggikraut besser als Liebstöckel. Ich könnte die Ersten jetzt schon in der Suppe oder im Gemüse als Würzkraut nutzen. Um dem jungen Grün Platz zu machen, sammele ich zwei Hände voll verwitterten Ahornlaubs von der Staude. – Ja, wo kommt die denn schon her? Eine braune Nacktschnecke, dick wie ein Dackel, kommt darunter zum Vorschein. Ohne zu überlegen, packe ich sie mit spitzen Fingern und werfe sie in hohem Bogen über den Gartenzaun, so wie ich es im Sommer mit allen Schnecken mache.

Daneben der kostbare ausladende Salbeistock, dessen Blätter vom letzten Jahr grau und derb sind. Aber dazwischen lugt neues filziges Graugrün. Dann kann ich schon bald mit meiner Sommer-Salbei-Kur beginnen. Sooft ich daran denke, hole ich im Garten ein frisches Salbeiblatt, zerkaue und schlucke es, die ganze Alpsaison über. Das mache ich, seit ich in unterschiedlichen Büchern auf den einen Satz gestoßen bin, der sinngemäß sagt: Kein Mensch, der Salbei im Garten habe, müsse je sterben. Für mich habe ich ihn frei übersetzt zu: Salbei ist so heilkräftig, dass ich bei regelmäßiger Nutzung gute Chancen habe, gesund zu sterben.

Und zur Linken mein gehüteter Ysop. Wohl durch den Schneedruck ist die Pflanze über den Winter noch weiter auseinandergebrochen. Ein Arm treibt junges Grün, der große Rest steht kahl. Ich meine, der Standort ist gut, sodass ich unweit daneben den mitgebrachten Ableger aus Vaters Garten pflanzen werde. Ysop ist vom Geschmack auf der Zunge her mein liebstes Gewürzkraut aus dem Garten. Es schmeckt, wie eben nur Ysop schmeckt – für mich nach Hildegard von Bingen.

Als Kind kannte ich weder die Pflanze noch den Namen noch den Geruch. Es wird fünfundzwanzig Jahre her sein, als meine

Mutter anfing, sich für die Medizin der Ordensfrau zu interessieren. Begeistert übergoss sie mich mit Informationen über ihr großes Vorbild. Hildegard von Bingen wurde vor rund 900 Jahren geboren. Noch jung, gründete sie zwei Klöster, denen sie als Äbtissin vorstand. Als besonderes Geschenk vom Leben hatte sie mitbekommen, dass sie mehr sah und hörte als andere Menschen. Ihre Schriften handeln von der Medizin, der Theologie, der Kunst und der Musik. In ihrem Werk *Physica* beschreibt sie das Wesen und Wirken von mehr als 500 Pflanzen, Tieren, Edelsteinen und Metallen.

Für meine Mutter wurde Ysop das Hildegard-Kraut ersten Ranges. Von ihr habe ich übernommen, an alles Essen Ysop zu geben, ob an Salat oder an Gekochtes. Anders als Mutter, die mit Vorliebe nur getrocknete und pulverisierte Kräuter verwendet, gebrauche ich sie frisch. Einerseits ist es der besondere Geschmack, der mir gefällt. Andererseits stelle ich mir gerne bildlich vor, wie der Ysop mich von innen »duscht«. Denn von der Klosterfrau weiß ich: Wenn man Ysop oft isst, reinigt er die kranken und stinkenden Säfte des Körpers. Ob David in Psalm 51 im Alten Testament es in ähnlichem Sinn meint, wenn er sagt »Entsündige mich mit Ysop, dann werde ich rein«?

Hinter dem Ysop wächst aus einer Staude zartes Grün bereits handhoch. Mit den Fingern streiche ich darüber wie über einen Haarschopf und spüre, wie geschmeidig, wie jung es ist. Die Blätter ähneln denen von Brennnesseln, fühlen sich aber überhaupt nicht so an. Ich pflücke ein Blatt, zerreibe es und rieche daran. Zum Überprüfen pflücke ich ein zweites Blatt, zerreibe es und rieche daran. Mein Geruchsinn meldet – eindeutig Schmierseife! Ich stecke das Blatt in den Mund, kaue darauf herum und finde, es schmeckt auch wie Schmierseife. Und ich weiß sehr wohl, wovon ich spreche.

Mit Schmierseife bin ich groß geworden. Zumindest nannten wir die weiße, ein wenig durchsichtige, glitschige Masse in den Zehn-Liter-Eimern so. Zu Hause wurde für alle Putzarbeiten Schmierseife ins Wasser gegeben. Zum Geschirrspülen, zum Wischen von Boden und Waschbecken, für die Handwäsche und später auch zum Waschen in der Waschmaschine. Meine älteste Schwester erinnert sich, dass sie sogar die Haare damit gewaschen bekam. Schmierseife war nicht das Mittel der Wahl, sie war neben dem Seifenstück zum Händewaschen die einzige Flüssigseife, besser Breiseife, im Haus. Der Inhalt eines Eimers reichte etwa ein Jahr. Dann brachte Anneliese aus dem Unterdorf einen neuen Eimer. »Neutralseife« stand darauf, Schmierseife war drin. Das Abfüllen aus dem Originalgefäß in handliche Plastikflaschen, deren Drehverschlüsse in der Mitte ein Loch hatten, war die Aufgabe von uns Kindern. Ich machte es nicht gerne! Denn selbst ein Teelöffel war zu groß, um die Schmierseife in den Hals der Flasche zu schöpfen, ohne zu kleckern. Von der Masse flutschte nur ein Teil, nicht zwingend der Größere, wie gewollt durch die Öffnung. Der andere rutschte langsam über die Rillen am Flaschenhals, zog lange Nasen, die gemächlich meine Finger überrollten, und tropfte zäh ab. Als erfahrene Abfüllerin hielt ich die Flasche ruhig über den Eimer, damit das Zuviel in der Masse versank, aus der es kam, und nicht auf dem Boden landete.

Den leicht beißenden, ganz wenig süßen, seifigen Geruch, der mir bei dieser Arbeit in die Nase stieg, den würde ich überall auf der Welt mit geschlossenen Augen wiedererkennen. Und wie Schmierseife schmeckt, weiß ich auch. Vielleicht weil ich während des Spülens, ohne die Hände abzutrocknen, das letzte Stück Schokolade vom Nachtisch ergatterte. In meinem ersten Sommer auf dieser Alp stand ich etwa um die gleiche Zeit hier vor der gleichen Pflanze, mit der gleichen Sinneswahrnehmung. Vielleicht macht es die Jugend der Pflanze aus, vielleicht verliert sich der intensive Geruch und Geschmack mit den Tagen und Wochen, dachte ich. Genauso stark nahm ich mein Nichtinteresse an dieser Schmierseifen-Pflanze wahr.

In meinem Bestimmungsbuch konnte ich die grünen Blätter nicht finden. Aber die Bäuerin, der ich einen Stängel mitnahm, erkannte ihn sofort: Zitronenmelisse. Sie hatte eine Staude davon in ihrem Garten. Aus den Blättern koche sie Tee, von dem sie abends vorm Zubettgehen eine Tasse trinke für einen guten Schlaf. Auch meine Freundin und sogar die weibliche Jugend, die beim Alpaufzug half, wussten, dass es Zitronenmelisse ist.

Als die Staude üppiger wuchs, ihre Stängel sich verzweigten, roch ich an den Blättern, zerkaute sie. Ich blieb bei meiner Wahrnehmung und nannte sie für mich »Schmierseifenkraut«. Die Bienen mochten entweder Schmierseife oder sie schmeckten es anders. An Sonnentagen umschwärmten sie die Pflanze unermüdlich. Das konnte ich mir erst erklären, nachdem ich gelesen hatte, dass dieses Schmierseifenkraut zu den besten Bienenfutterpflanzen zählt und daher seinen Namen hat. Biene heißt im Griechischen *melissa* und Honig *meli*. Früher haben die Imker gerne eine Staude vor ihre Bienenhäuser gepflanzt, weil der Nektar die Bienen stärkte und ihnen half, gesund zu bleiben.

Bei dem Geschwärme muss der Strauch doch blühen, dachte ich und ging eigens, um ihn mir aus der Nähe anzuschauen. Tatsächlich, das Grün war übersät mit vielen winzigen, ein wenig ins Bläuliche gehenden Blüten, die dem robusten Strauch etwas Feines, Zerbrechliches verliehen.

Dass die Zitronenmelisse nicht nur den Bienen diente, sondern auch mir, erfuhr ich, als sich mit Spannen in meiner linken Oberlippe ein Herpes ankündigte. Für den dafür verantwortlichen Virus bin ich, wenn auch nur selten, anfällig. Ich hatte bisher nichts dagegen unternommen, weil mein Körper sich nach einer Weile selber half und das unangenehme Gefühl verschwand. Dieses Mal jedoch war meine jüngste Schwester zu Besuch. Gut ausgerüstet für allerlei Eventualitäten abseits der Zivilisation gab sie mir aus ihrer Alpapotheke eine kleine Tube. Unter dem Handelsnamen stand, für mich nur mit der Brille zu lesen, »Melissenextrakt«. Als schon am zweiten Tag der Behandlung die Spannung in der Lippe verschwunden war, nannte ich das Schmierseifenkraut ab sofort bei seinem richtigen Namen.

Wohl in meinem Überschwang pflückte ich erstmals neben unterschiedlichen Kräutern für den Salat auch zwei Blättchen Zitronenmelisse. Ganz, nicht klein gehackt, damit ich sie wieder rausholen könnte, falls sie meinen Salat verseiften, gab ich sie unter die Mischung. Erst nach dem Essen fielen mir die Blättchen wieder ein. Ich hatte sie mitgegessen, ohne es zu merken! Am nächsten Tag hörte ich zuerst die Mittagsnachrichten und aß danach mit mehr Bedacht. Ja, ich konnte die feine Zitronenmelissennuance schmecken und fand, dass sie gut zu den vielen Würzkräutern passte. Seither gehören einige Blättchen Zitronenmelisse, eher weniger als mehr, in meinen Alpsalat.

Was ich bei allem guten Willen nach all den Jahren aufgegeben habe nachzuvollziehen, ist der Zitronenduft der Zitronenmelisse. In meiner Nase ist er nicht wahrzunehmen. Für mich riecht sie noch immer nach Schmierseife. Der viel gelobte frische Zitronengeruch kommt von den Drüsen, die an den Unterseiten der Blätter sitzen und das heilkräftige Zitronenöl enthalten. Da Zitronensaft eine reinigende Wirkung hat, vermutete ich Gleiches von dem Zitronenöl.

Dazu machte ich erst im vergangenen Sommer ein Experiment mit heidelbeerblauen Fingern. Ich bin keine fleißige Heidelbeersammlerin. Um ein Ein-Liter-Eimerchen zu füllen, braucht es mehr Geduld, als mir in die Wiege gelegt wurde. Aber einmal in der Saison verbringe ich einen Nachmittag in der Waldlandschaft über der Hütte. Der weiche, moorige Boden war bedeckt mit einem Teppich aus Heidelbeersträuchern. In Erinnerung an Aschenputtel steckte ich die guten ins Töpfchen und die dicken ins Kröpfchen. Vor mich hinpflückend vergaß ich die Lichtung, von der ich meinte, dort seien die Früchte alle Jahre wieder besonders dick. Nach einigen Irrungen öffnete sich der Wald und vor mir lag ein geheimnisvoller Lichtort, kirchenstill. Hier hatte ich alle Zeit der Welt, um mein Eimerchen zu füllen.

Zurück mit meinen dunkelblauen Schätzen beteiligte ich die drei heidelbeerblauen Pflückfinger an dem Experiment. Den Daumen wusch ich nur mit klarem Wasser. Den Zeigefinger rieb ich kräftig mit Zitronenmelisse ab. Den Mittelfinger bearbeitete ich mit Zitronensaft. Das Ergebnis zeigte: Der Daumen blieb blau. Der Zeigefinger war pflanzengrün gefärbt. Der Mittelfinger war sauber. Folgerung: Das Zitronenöl der Zitronenmelisse hatte keine reinigende Wirkung auf meine Heidelbeerfinger.

Auch in der Überlieferung finde ich keinen Hinweis auf die reinigende Kraft der Zitronenmelisse. Hier wird eine ganz andere Qualität gerühmt: »... von allen Dingen, die die Erde hervorbringt, die beste Pflanze für das Herz ...«, schrieb Paracelsus. Und: »Man lacht gerne, wenn man sie isst, da sie das Herz freudig stimmt, weshalb die Melisse auch Herztrost heißt ...«, schrieb Hildegard von Bingen. Auch meine Freundin Claudia schwört auf die belebende, herzerfrischende Auswirkung des Zitronenmelissentees, besonders bei ihrer Tochter.

Vielleicht ist es so: Nachdem die Zitronenmelisse den Menschen innerlich gereinigt hat, etwa als Beigabe im Salat, strahlt sein Herz!

Wie dem auch sei, ich stehe in meinem Garten und freue mich, dass der unterirdische Teil dieser nun schon alten Pflanze den Winter noch immer so gut übersteht. Und dass der süße Ruf des Frühlings es jedes Jahr vermag, sie aufs Neue zum Licht zu drängen.

»Kuckuck«. Ich horche auf. Und wieder: »Kuckuck«. Vor Freude klatsche ich in die Hände. Ich Dabbes[*] – nur noch an der Größe kann ich erkennen, dass dort ein Kuckuck fliegt.

---

[*] ugs. für ungeschickte Person

Zitronenmelissensirup
von meiner alten Freundin Rosi
8–10 Stängel Zitronenmelisse
2–3 l kochendes Wasser
5–6 Zitronen, unbehandelt
160 g Weinstein- oder Zitronensäure
5 kg Zucker

Die Stängel der Zitronenmelisse schneide ich nur so klein, dass sie, in einem Eimer mit dem kochenden Wasser übergossen, mit Flüssigkeit bedeckt sind. Die Zitronen mit heißem Wasser abwaschen und in Scheiben schneiden. (Konventionell angebaute Zitronen schäle ich.) Die Weinstein- oder Zitronensäure in wenig warmem Wasser auflösen. Säure und Zitronen in das Melissenwasser geben. Zunächst rühre ich nur so viel Zucker hinein, dass sich die gesamte Menge noch gut bewegen lässt. Wenn der Zucker sich aufgelöst hat, gebe ich die nächste Portion dazu, bis alles aufgebraucht ist.

Die Masse bleibt ein bis zwei Wochen zugedeckt stehen und wird täglich umgerührt. Danach siebe ich den Sirup ab und fülle ihn in Flaschen. Nach meiner Erfahrung hält sich der Sirup bis zu einem Jahr.

Löwenzahn – für Mensch und Hase

»Euch habe ich mir leichter vorgestellt«, sage ich, den Kopf nach hinten gewandt, ohne eine Antwort zu erwarten. Ich bin froh, dass es nach einigem Suchen nun doch geklappt hat. Zwischendurch glaubte ich schon, ich müsse den Sommer über »oben ohne« leben. Ohne Langohren auf der Alp. Zwei schöne Häsinnen sind es, beide cognacbraun und in einer Pappkiste auf den Rucksack gebunden, die ich den Berg hochtrage. Auf halbem Weg mache ich Rast, nehme den Rucksack vom Rücken und lehne ihn vorsichtig an einen Stein. Vielleicht hätten die zwei Freude an einer Wegzehrung. Ich pflücke einen der wenigen schon blühenden Löwenzähne, um ihn kopfüber durch den Schlitz im zweiteiligen Deckel der Kiste zu schieben. Das »knack«, mit dem der Stängel bricht, ist mir sehr vertraut. Als ich mich neben mein mümmelndes Gepäck ins Gras lege, die Hände unter den Kopf geschoben, hallt es in meinen Ohren nach. Und mit dem Schließen der Lider entstehen die dazugehörenden Bilder vor meinem inneren Auge.

Ich war vielleicht acht Jahre alt. Knack – eine Sonne, knack – zwei Sonnen, knack – noch eine ... knack – zwölf Sonnen. Auch wenn erst wenige blühen, muss ich sie nicht lange suchen, denn sie sind das einzige Gelb im Grün der Wiese. Meine Finger kleben bereits von dem weißen Saft, der aus den hohlen, blattlosen Stängeln tropft. »Knack« macht es, als ich einen weiteren Stängel breche. Einen richtigen Strauß halte ich in der Hand, einen schönen Löwenzahnstrauß. Jetzt ganz kurz und nur ganz wenig an den Fingern lecken. »Dää ess gefdisch«, der ist giftig, höre ich meine Schwester rufen. Weiß ich! Aber ich glaube, das stimmt nicht. Ich habe schon mal von dem milchigen Saft geleckt und lebe immer noch. Vielleicht bekäme ich Bauchweh, wenn ich viel davon schlucken würde. Aber freiwillig nimmt sowieso kein Mensch viel von dem bitteren Zeug zu sich. Aufpassen, die Finger nicht am Rock abputzen, das gibt braune Flecke und – Ärger. Zu Hause hole ich meine Lieblingsvase aus dickwandigem Glas, die sich nach oben weitet und deren Rand mit stumpfen Zacken abschließt. Alle meine Stängel passen hinein und sie haben sogar noch Platz, auseinanderzufallen. Ich bringe meinen Blumenstrauß ins Schlafzimmer und stelle ihn neben die Muttergottes-Statue auf den Waschtisch. Das ist ein niedriger Schrank mit einem dreiteiligen Spiegel obendrauf. Die beiden Spiegelflügel rechts und links lassen sich zur Mitte hin einklappen. Ich richte sie so lange aus, bis es den Anschein hat, als ständen vier gleiche Sträuße in vier gleichen Vasen.

Beim Zubettgehen sehe ich, dass der Löwenzahnstrauß sich im Lauf des Nachmittags sehr verändert hat. Interessanter geworden sind die im Wasser stehenden Stängelenden. Sie sind aufgeschlitzt und die entstandenen Lappen haben sich eingerollt wie Papiertröten. Gleich mehrere treffen sich in einem Mundstück, dem heilen Stängel. Wenn ich dort hineinblasen würde und sich die Stängellappen unter einem »mööp« entrollten, wären es Löwenzahntröten. Die Blüten haben an Schönheit verloren. Von den prallen, gelben Köpfchen ist nichts mehr zu sehen. Eingeschlossen von grünen Kelchblättern stehen sie senkrecht zur Zimmerdecke. Ein bisschen ist es traurig, dass sie sich nie wieder öffnen werden. Die Blüten draußen sind jetzt zwar auch geschlossen, aber morgen, wenn die Sonne am Himmel scheint, werden sie wieder zu Sonnen im Gras.

Trotz seiner strahlenden Blüten war der Löwenzahn für uns in erster Linie eine Futterpflanze. Den Winter über fraßen die vier Hasenmütter im Stall meines Vaters trockenes Brot, Kartoffelschalen und Gemüseabfälle. All diese Dinge sammelten wir Kinder zweimal pro Woche in der Nachbarschaft und bei der tierlosen Verwandtschaft am anderen Ende des Dorfes ein. Als der Grünschleier des Frühjahrs den Winter ablöste, begann die erste Häsin, sich Fell auszuzupfen, um ein Nest für ihre Junge zu bauen. Ab jetzt hielten meine Augen für sie

Ausschau nach frischem Grün. Die ersten Löwenzahnblätter fanden wir im März auf dem Erdaushub hinter einem neu gebauten Haus. Dort, zwischen den größtenteils noch winterbraunen Grasbüscheln, waren die auf der Erde aufliegenden, geordneten Rosetten als Löwenzahn unverkennbar. Mit den Tagen wurden die gezahnten Blätter größer und neue zeigten sich. Mit den Wochen wuchsen aus der Mitte der prächtigen Rosetten Röhrenstängel, auf denen sich die leuchtend gelben Blüten entfalteten. Unverwechselbar: »Aajapotsche«. So nannten wir den Löwenzahn. Und so nenne ich ihn heute noch. »Aaja« steht für die Blütenfarbe – gelb wie der Dotter von Hühnereiern. Und »potsche« meint Büschel, das gesamte Blattwerk, zusammengehalten von der Wurzel.

Damals, nach den Schulaufgaben, ich war ausnahmsweise früher damit fertig als meine ältere Schwester, ergatterte ich als Erste das Messer mit der langen, etwas schärferen Klinge und dem Holzgriff, der so gut in der Hand lag. Damit machte das »Aajapotschestäsche«, das Löwenzahnstechen, gleich viel mehr Spaß. Die Klinge bis zum Anschlag in steilem Winkel in die Erde gesteckt, im Halbkreis um die Rosette geführt, spürte ich in der Hand den Widerstand der Pfahlwurzel und den Ruck beim Kappen. Mit der linken Hand packte ich die Pflanze, schüttelte die Erde von den unteren Blättern ab und kratzte mit dem Messer den Dreck vom Wurzelansatz. Ein schönes Exemplar. Ihr Durchmesser war größer als der des Eimers, in den ich sie steckte. Nach einem ungeschriebenen Gesetz tauschte ich nach einer Weile ungern, jedoch ohne Murren das Messer mit meiner Schwester. Jetzt ging mir das Stechen nicht mehr so leicht von der Hand. Mit der kurzen, stumpfen Klinge brauchte man mehr Kraft und ich musste sie flacher ansetzen. Aber nicht zu flach, sonst erwischte ich statt der Wurzel die Blätter und die Rosette zerfiel. Als der erste Eimer voll war, sah ich, dass meine Schwester an einer Kette bastelte. Sie nachahmend fragte ich mich, wie sie es nur hinkriegte, dass ihre Löwenzahnkette einem Blütenkranz glich, während meine aussah wie eine Stängelkette mit Blüten. Aber klebrig war auch ihre und kam damit als Halsschmuck genauso wenig infrage wie meine. Als Kranz auf dem Kopf, den Saft in den Haaren, das machte mir weniger aus. Aber am besten hätte mir die Kette als Heiligenschein kurz über meinem Kopf schwebend gefallen. Die Hasen kümmerte das Klebrige überhaupt nicht. Sie mümmelten an beiden Kränzen so lange, bis nichts mehr davon übrig war.

Mit welchem Messer auch immer – ich liebte es, Löwenzahn zu stechen. Mit einem vollen Eimer nach Hause zu kommen, machte mich unübersehbar erfolgreich, denn es war mein Anteil an der überlebensnotwendigen Fürsorge für die Tiere. Immerhin bekam jede der vier Häsinnen im Schnitt neun süße Kinder. Alle zusammen fraßen sie Berge von Futter, sodass ich auch froh war, wenn das Gras hoch genug stand, dass Vater es mit der Sense mähen konnte. Dass die Tiere zuletzt unserer Familie als Sonntagsbraten dienten, das war einfach so.

Noch heute liebe ich diese Arbeit, die für nur zwei Tiere auf der Alp mehr Pläsir als Mühe ist. Seit ihrer Ankunft steche ich auf der Heumatte Löwenzahn für die Häsinnen, die ich in einer Ecke des Ziegenstalles eingepfercht hatte. Heute Morgen war es so weit, ich ließ sie den ersten Tag für eine Weile frei. Sie haben sich wohl eingewöhnt, kennen meine Stimme, den Geruch ihres Sommerzuhauses und werden nicht mehr weglaufen. Wozu auch? Von ihrem geschützten Ort aus sind es nur ein paar Meter bis ins Paradies. Wenn ich nämlich mit leicht zusammengekniffenen Augen meinen Blick über die Heumatte schweifen lasse, sehe ich mehr Gelb als Grün. Tausend Löwenzähne und noch tausend dazu feiern ein Blütenfest.

Wie alles Glück ist auch dieses Paradies vergänglich. Denn schon bald werden erst einzelne Sonnen im Gras erlöschen. Dann geht es plötzlich schnell. In geschlossenen, hängenden Köpfchen wächst der Samen heran und der Löwenzahn bereitet sich vor auf sein nächstes

Fest. Die Köpfchen heben sich und jedes gebiert eine wunderschöne, luftige Kugel aus ungezählten Sternchen. Feine Fäden verbinden jedes Sternchen mit einem Samenkorn. Jetzt feiern die Pusteblumen ihren Abflug. Mit jedem Windhauch gehen die kleinen Fallschirme auf Reisen. Und jeder Landeplatz birgt in sich die Möglichkeit, sich hier im nächsten Frühjahr neu zu erschaffen.

Dass Hasen Löwenzahn lieben, wusste ich schon immer. Dass auch Menschen ihn essen können, auf die Idee kam ich als Kind nicht. Vielleicht war es Unwissenheit über die Qualität der Pflanze – in jedem Fall tat Mutter gut daran, keine Löwenzahnblätter unter den Salat zu mischen. Wir waren es gewohnt, zu Mittag stets Gemüse aus dem großen eigenen Garten zu essen. Als zum ersten Mal grüne Paprika gefüllt mit Reis auf den Tisch kamen, zog ich insgeheim nach dem ersten und einzigen Bissen in Erwägung, Mutter wolle mich vergiften. Löwenzahnblätter im Salat hätten diese Idee vermutlich untermauert. Doch wenn Mutter schon damals um die umfassende Wirkung des Löwenzahns auf den Körper gewusst hätte, ich bin mir sicher, sie hätte einen Weg gefunden, uns die bitteren Blätter schmackhaft zu machen.

Gerade die Bitterstoffe wirken verdauungsfördernd und helfen, das Fett in der Nahrung zu zerlegen, damit der Körper es aufnehmen kann. Das machen sie, indem sie die Leber anregen, Gallensaft zu produzieren, der von der Gallenblase gespeichert wird und von dort aus in den Darm fließt. Welchen Dienst die Bitterstoffe tun, merkte ich zum Beispiel nach dem Genuss von leckeren, fetten Bratkartoffeln. Danach fühlte sich mein Bauch oft so schwer an, dass ich schon manchmal, aber nur kurz, dachte: Nie mehr Bratkartoffeln! Schnelle und zuverlässige Abhilfe schaffte ein »Magenbitter«, der gar nicht bitter schmeckte. Das lag an dem vielen Zucker in dem alkoholischen Getränk. Damit war der Magenbitter eigentlich so etwas wie ein süßer Nachtisch.

Lange nachdem ich begriffen hatte, dass Fabrikzucker der Entgiftung des Körpers entgegenwirkt und damit seinen Teil zur Übersäuerung im Körper beiträgt, entschied ich mich, den Magenbitter durch eine Tasse Löwenzahntee zu ersetzen. Zunächst dachte ich, ich sei der einzige Mensch auf der ganzen Welt, der sich ein gutes Essen mit so einem Tee vermiest. Die Gewohnheit auf meiner Seite, konnte ich ihn schneller als erwartet annehmen. Eine viel elegantere Lösung finde ich heute darin, dass ich dem Salat, den ich vor den Bratkartoffeln esse, junge Löwenzahnblätter untermische. Wenn es keine jungen mehr gibt, nehme ich auch größere, ältere Blätter, die ich aber fein schneide. Gut schmeckt mir auch, einen klein geschnittenen Apfel in den Salat zu geben. Er schafft einen ausgezeichneten Ausgleich zu dem bitteren Geschmack des Löwenzahns.

Neben den Bitterstoffen soll der Löwenzahn noch neunundvierzig weitere Substanzen enthalten, die ihn zum »Allheilmittel« machen und die, kurz gesagt, anregend, fördernd und stärkend auf die unterschiedlichen Organe wirken. Und über 500 Volksnamen soll er allein im deutschen Sprachraum haben. Ich finde ja Löwenzahn sehr passend. Meine Oma nannte ihn »Bettsaischer«. Dass dieses etwas derbe Wort sich mit dem französischen Namen »Pissenlit« deckt, habe ich erst gelesen, als ich Oma nicht mehr fragen konnte, ob sie um diese Qualität des Löwenzahns wusste. Er wirkt nämlich anregend auf Niere und Blase. Daraus ergibt sich, dass größere Mengen vom Löwenzahn lieber früher als später im Tagesverlauf gegessen oder getrunken werden sollten, um diesem Namen keine Ehre zu machen.

»Komm, Lasa, wir gehen Löwenzahn holen.« Kein Hund in Sicht. »Lasa, komm.« Kein Hund, der angeschossen kommt. Ob alles in Ordnung ist?, denke ich, während ich um die Ecke gehe, um Ausschau zu halten. Da sitzt er doch, den Blick starr auf das Objekt seiner Begierde direkt vor ihm gerichtet, zitternd am ganzen Leib. Er scheint hin und her gerissen zwischen seiner Aufgabe als Wachhund und seinem Jagdtrieb. Die Häsin in Schnappweite mümmelt scheinbar völlig unbesorgt vor sich hin. »Lasa, du Spinner, lass ja die Häsin in Ruhe.« Der Hund lässt sich nicht ablenken. Da muss ich eingreifen! Ich gehe geradewegs auf ihn zu, packe ihn am Halsband, schüttele ihn und zerre ihn ein paar Meter in Richtung Gatter. Plötzlich, als sei er aus einem Traum erwacht, rennt er los. Er hat kapiert, dass wir zwei einen kleinen Spaziergang machen, und die Häsin in seinem Kopf ausgeschaltet.

Ich pflücke Löwenzahnblätter an unterschiedlichen Stellen und vergleiche sie miteinander, um rauszukriegen, ob wirklich kein Blatt dem anderen gleicht. Na, ich weiß nicht. Zumindest gibt es Exemplare, bei denen mir die Unterschiede auch nicht auf den zweiten Blick ins Auge fallen. Mit einem unüberhörbaren »knack« breche ich einen Stängel, schiebe das untere Ende zwischen meine Zähne und kaue darauf herum. Bitter wie Hasengalle, wie Hirschkäfergalle, nein, bitterer, wie ... wie Löwenzahnstängel. Mein Vorhaben, zehn Tage hintereinander einen Stängel zu essen, schaffe ich schon heute, am zweiten Tag, nicht mehr. Es gibt tolle Ideen, für die mich zu begeistern einfacher ist, als sie umzusetzen. Dazu gehört die Löwenzahnstängelkur. Nicht in erster Linie wegen des Vitamin C, sondern weil mich die philosophische Betrachtung so beeindruckt. Löwenzahnstängel essen, um mich von seiner Bitterkeit innerlich stärken zu lassen. So die Theorie, die meint: Das Leben hat eine Fülle von Qualitäten. Wenn es schön, freundlich und süß ist, geht es mir gut. Wenn es anstrengend, ungerecht und bitter ist, geht es mir schlecht. Da wir Menschen des 21. Jahrhunderts in Mitteleuropa die Bitterkeit unserer Nahrung mithilfe von Zucker aus dem Essen verbannt haben, sind wir innerlich nicht mehr gewappnet für die Bitterkeit, die von außen auf uns zukommt. Mir gefällt das. Wenn es tatsächlich so ist, wirkt bestimmt auch schon die kleine Dosis von gestern und heute in mir.

Vielleicht liegt es an den Mengen von Löwenzahnfutter, dass ich meine Hasen im Sommer stets fit und gesund erlebe. Vielleicht stärkt ihre Nahrung sie so, dass sie keine Bitterkeit kennen. Denn noch nie habe ich sie klagen hören, dass der Sommer vielleicht vorzeitig enden könnte in den Fängen eines Fuchses.

Löwenzahnkartoffeln,
besonders von Kindern geschätzt
Über den Daumen gerechnet pro Portion
3 mittelgroße Kartoffeln
Kartoffelwasser
Salz, Muskat
Milch oder Sahne nach Geschmack
1 Ei, hart gekocht
2–3 Löwenzahnblätter

Die Kartoffeln schälen, klein schneiden und in Salzwasser gar kochen. Mir gefällt es, wenn ich die Wassermenge so gewählt habe, dass ich kein Kartoffelwasser abgießen muss, sondern alles für das Püree nutzen kann. Weiter bevorzuge ich es, die Kartoffeln in ihrem Wasser mit dem Stampfer zu zerdrücken, sodass neben dem Brei noch kleine Kartoffelstückchen übrig bleiben. Wenn die Kartoffeln mit dem Zauberstab zu Brei gerührt werden, hat dieser eine zäh ziehende Konsistenz, unter der meiner Ansicht nach auch der Geschmack leidet. Das grobe Mus würze ich mit Salz und Muskat und rühre Milch oder Sahne dazu, je nachdem wie gehaltvoll die Mahlzeit sein soll. Zuletzt soll der Brei so beschaffen sein, dass der Löffel darin stehen bleibt. Die geschälten Eier klein schneiden und die Löwenzahnblätter klein hacken. Beides vorsichtig unter den Brei heben, damit Formen und Farben der Zutaten beim Servieren gut zu erkennen sind.

Weg-Malve
Malva neglecta
Seite 101

Brennnessel – ein vielseitiger Plagegeist

»Pusschen, Kätzchen, Schätzchen«, so nenne ich sie nur, wenn ich sie besonders gerne habe,»der weiß nicht, dass du nur mit ihm spielen willst.« Die Katze, unbeeindruckt von meiner Bemerkung, was sollte sie auch damit machen, springt einmal mehr in die Luft. Dabei streckt sie sich und schlägt mit der Pfote nach dem Schmetterling, der über den Brennnesseln tanzt. In seinem rotbraunen Kleid, mit dem schwarz-gelb-weißen Fleckenmuster an den Vorderflügeln und dem blauen Saum an den Hinterflügeln, sieht der Kleine Fuchs sehr hübsch aus.»Tu ihm nichts, er soll in Ruhe seine Eier an die Brennnesseln legen«, sage ich. Vielmehr auf die Unterseite der Blätter, denke ich als Nachsatz, während ich mit den Armen fuchtele, um die Katze abzulenken. Wie machen es die Schmetterlingsraupen nur, sich ausschließlich von Brennnesselblättern zu ernähren, ohne sich ständig zu verbrennen, am Bauch, an der Zunge, überall?

Ich glaube, ich war noch sehr klein, als ich zum ersten Mal schrie wie am Spieß, weil ich mich verbrannt hatte – an einer Brennnessel. Von Kindesbeinen an gehört die Brennnessel zu meinem Leben. Sie begegnete mir beim allabendlichen Hasenfuttermähen mit Vater, auf den Sonntagsspaziergängen am Waldrand und am Bach, bei der Gartenarbeit und hinterm Haus.

»Hinterm Haus« war unser Spielplatz, das Terrain zwischen Haus und Hecke, Garten und Zaun zum Nachbarn. Mittendrin stand ein ausladender Apfelbaum, der so viele Jahre zählte, wie das Haus alt war. Die Unebenheiten des Bodens überdeckte der Frühling mit Grün. Grün, das mehr war als Gras. Breite Blätter, schmale Blätter, feine Blätter, robuste Blätter. Und Brennnesseln in jeder Ecke. Ein umgebautes Klohäuschen, der Hasenstall, ruhte den Nachmittag über im Schatten des Apfelbaumes. In drei Etagen lebte je eine Häsin mit ihren weiblichen Nachkommen. An seiner mit Dachpappe verkleideten

Westseite lehnten Bretter. Zu ihren Füßen lag Bauschutt, durch den Hasengülle kroch. Von hier bis zur Weißdornhecke überdeckte der Frühling alljährlich das unwegsame Gelände mit einem Brennnesselmeer. Ungezählte Male landete unser Ball in dem Gestrüpp mit den Brennhaaren. Wenn ich dran war, ihn zurückzuholen, zog ich mir die Kniestrümpfe bis zur Zerreißgrenze hoch und schlug mir mit einer Bohnenstange den Weg zu dem Spielzeug frei. Trotz aller Vorsichtsmaßnahmen entkam ich selten den brennenden Quaddeln an Armen und Beinen. Wenn ich mich besonders doll verbrannt hatte, heulte ich, bis das Brennen weniger wurde. Oma, die mich bei offenem Küchenfenster hörte, lehnte sich heraus, um zu erfahren, was Schlimmes passiert sei. »Dea Kenn, schtällt ouch nedd so aan«, ihr Kinder, stellt euch nicht so an, seid nicht so empfindlich. So ihre Worte, nachdem ich auf meine Knie gezeigt hatte, an denen sie auf die Entfernung sicher gar nichts sehen konnte.

Oma erzählte gerne von früher, einmal sogar, dass aus Brennnesseln Stoff gemacht wurde. Diese Vorstellung war mir so schrecklich, dass ich mit offenem Mund erstarrte. Wie konnte es möglich gewesen sein, Kleider anzuziehen, die aus Brennnesseln gemacht waren? Das war doch nicht auszuhalten. Das muss noch viel, viel schlimmer gewesen sein als das Kratzen meines selbst gestrickten Pullovers.

»Kratzen« nannte ich das unbeschreiblich unangenehme Gefühl, das Wolle auf meiner Haut hervorrief. Zu Omas Winterarbeit gehörte es, ausgediente Pullover aufzuziehen und neue daraus zu stricken. Um die aufgeribbelten Fäden glatt zu bekommen, tauchte sie die Wollstränge in Wasser und wickelte sie stramm um die Lehnen der Küchenstühle zum Trocknen. Die Wolle war dann wohl glatter als vorher, fühlte sich aber steif und hart an. Aus solcher Wolle hatte meine Oma mir einen Sonntagspullover gestrickt. Seine hellen Farben gefielen mir, aber er kratzte schrecklich. Am wenigsten spürte ich es, wenn ich stocksteif stand. Am schlimmsten war es, wenn der Pullover kalt war. Und das war er beim Anziehen immer. Kaum weniger schlimm kratzte er, wenn mir zu warm wurde und ich anfing zu schwitzen. Dass Oma meine Abneigung gegenüber Wolle nicht nachempfinden konnte, erklärte ich mir damit, dass sie schon Kleider aus Brennnesseln getragen hatte.

Oma, 1902 geboren, kannte noch den Nesselstoff, gewoben aus Zwirn, der aus den Fasern von Brennnesselstängeln hergestellt wurde. Er war das »Leinen der armen Leute« und sicher ein derber Stoff. Trotzdem hatte er nur in meiner Vorstellung etwas zu tun mit den gefürchteten Brennhaaren. Diese unbiegsamen Härchen sitzen an der Ober- und Unterseite der Brennnesselblätter und brechen bei der kleinsten Berührung. Dadurch wird ihr Brennsaft frei, der die Haut so typisch reizt.

Ein anderes Merkmal der Brennnessel ist, dass sie in Massen auftritt. Zuverlässig wuchern die Pflanzen jeden Sommer diesseits und jenseits des Zauns vor der Alphütte. Zum Garten hin jäte ich sie regelmäßig, außerhalb nicht. Denn wenn trotz Sommer der kalte Nordostwind, die Bisa, über das Land geht oder der Gewitterregen von Westen peitscht, hat die Brennnesselhecke eine Schutzfunktion. Auch in diesem Jahr säumt bereits ein Meer von Nesseln den Zaun, als ich beschließe, ihn zu versetzen, um die Gartenfläche zu vergrößern. Meine Vorstellung ist schlicht: Ich löse die Krampen, die das Zaungeflecht an den Pfosten halten, schlage neue Pfähle an der gewünschten Zaunlinie ein und nagele den Draht wieder an. Um allerdings zum Zaun zu kommen, muss ich zuerst die Brennnesseln mähen. Das mache ich mit der alten, nur noch für diese Arbeit aufbewahrten Sense. Als die Stängel beim ersten Hieb nicht umfallen, hole ich kräftiger aus. Ein Hauch von Abenteuer durchweht mich, als ich mir vorstelle, ich bahnte mir mit einer Machete den Weg durch das Dickicht eines Dschungels.

Am freigelegten Zaun sehe ich, dass die unteren Maschenzeilen über die ganze Länge in einem Graswall verschwinden. Mit dem

Spaten will ich das Maschengeflecht befreien. Ein Filz aus Gras und Wurzelwerk von Brennnesseln, verwoben mit den Maschen des Drahtes, lässt mein Werkzeug jedoch zurückfedern. Ich arbeite unmittelbarer, kralle meine behandschuhten Finger in bodennahe Maschen und ziehe. Der Draht bewegte sich nicht einen Millimeter. Als könnte ich mit genügend Kraft etwas bewirken, gebe ich alles und bei maximaler Anstrengung noch einen Schrei dazu – ohne Folgen. Über einen Schwall von Flüchen entspanne ich meine Muskeln. Ich überlege. Seltsamerweise fällt mir aus den Segenswünschen die Stelle mit der Brennnessel ein.»Ich wünsche dir die Hartnäckigkeit der Brennnessel, die als Unkraut gilt, sich schwer vertreiben lässt und sich zu wehren weiß.« Mir fällt allerdings nicht ein, dass ich warten könnte, bis Franz aus dem Dorf zurückkommt. Wo er doch der beste Handwerker ist, den ich kenne. Nach vielen Alpsommern, allein verantwortlich für das tägliche Wohl der Tiere und das Drumherum, habe ich mich noch nicht daran gewöhnt, dass wir jetzt zusammen hier leben und arbeiten.

 Der Hartnäckigkeit der Brennnessel setze ich meine eigene entgegen. Mit einer Eisenstange, die ich in eine untere Masche des Drahtes einhänge und über einen Holzklotz lege, baue ich mir einen Hebel. Das frei in die Luft stehende andere Ende beschwere ich mit meinem Körpergewicht. Wie früher auf der Wippe hänge ich jetzt auf der leichten Seite in der Luft. Auch mit zappelnden Beinen habe ich keine Chance, mein viel schwereres Gegenüber vom Boden zu bewegen. Mich packt die Wut. Warte nur, denke ich, hole das Bergauto und hänge über eine Kette den Draht an die Abschleppöse. Beim ersten Anfahren löst sich die Kette. Beim zweiten wähle ich den Fahrwinkel ungünstig, sodass die Reifen durchdrehen. Beim dritten gibt es einen Ruck. Dann geht es leicht. Ich fahre viel weiter, als nötig gewesen wäre, in der Vorstellung, den Draht wie eine Trophäe hinter mir herzuschleifen. Beim Abhängen sehe ich, dass der Draht, wieder auf die ganze Länge, die Brennnesselwurzeln mit der Grasnarbe wie einen Klumpfuß mitgenommen hat. Und das Drahtgeflecht ist derart deformiert, dass ich es sicher nicht mehr hinbiegen kann. Zu meiner Überraschung ist aber der in den Boden gerissene Graben mit rehbrauner, lockerer Erde ausgekleidet. Und es riecht so erdig warm, so unverbraucht neu. Zwischen meinen Fingern fühlt sich die Erde locker an wie der Humus, den ich früher kiloweise im Gartencenter gekauft habe. Diese kostbare Erde ist das Vermächtnis der Brennnesseln. Ihre langen verzweigten Wurzeln haben dafür gesorgt, dass der Boden locker ist, und die abgestorbenen Pflanzen haben ihn mit Mineralien angereichert.

Auch die neue Zaunlinie ist bald umwogt von Brennnesseln, die ich gartenseitig regelmäßig jäte. Als ich lese, dass Brennnesseln nicht mehr nachwachsen, wenn man sie nach dem Mondstand an einem bestimmten Tag ausreißt, wähne ich, jetzt den Stein der Weisen gefunden zu haben. Zum richtigen Zeitpunkt mache ich mich mit Lederhandschuhen an das Jahrtausendwerk! Allerdings kann ich schon bald beobachten, dass ich der unbändigen Lust der Pflanze, sich zu vermehren, auf diese Weise, an diesem Ort, in diesem Jahr, nichts Endgültiges entgegenzusetzen habe.

Zutiefst bin ich froh, dass die Brennnesseln stärker sind als mein Wunsch, sie an bestimmten Stellen auszurotten. Denn Brennnesseln können Wunderbares. Sie bringen Ordnung in den Boden, wo der Mensch Unordnung hinterlassen hat. Unermüdlich bearbeiten sie den Boden selbst dort, wo Menschenhände aufgegeben haben, ihn zu bewirtschaften, auf Schuttplätzen, Kahlschlägen, in Gerümpelecken. Sie wirken sogar an Plätzen, an denen Menschen und Tiere ihre Abfälle hinterlassen und der Boden mit Jauche getränkt ist. Welch kostbare Pflanze für den Boden!

Auch im Körper des Menschen arbeiten die guten Kräfte der Brennnesseln auf mannigfaltige Weise, sodass sie das Sommerhalbjahr hindurch ihren Platz auf jedem Wochenmarkt verdient hätten. Charakteristisch ist ihre blutreinigende Wirkung, ein Waschpulver von innen für unseren wintermüden Körper im Frühling. Eine andere Qualität ist ihr hoher Gehalt an Eisen, das so beschaffen ist, dass der Organismus es leicht aufnehmen kann. Weiter hilft die Brennnessel, den Körper zu entgiften und Harnsäure auszuscheiden, neues Blut zu bilden, den Stoffwechsel anzuregen und die Verdauung zu fördern. Welch kostbare Pflanze für den Körper bei innerlicher Anwendung!

Von dem Erfolg der äußerlichen Anwendung erzählte mir eine alte Dame. Ihr Mann habe zu Lebzeiten oft Schmerzen im Knie gehabt, ob von Rheuma oder Gicht, wusste niemand so genau. Er habe seine Knie regelmäßig mit frisch gepflückten Brennnesseln abgerieben. Danach sei er eine Zeit lang schmerzfrei gewesen. Unvorstellbar für mich, da ich weiß, wie meine Finger noch am Morgen kribbeln, stechen, brennen, jucken, wenn ich tags zuvor Brennnesseln mit bloßen Händen geerntet habe. Die Frage, ob dieses Gefühl vielleicht für kurze Zeit die Schmerzen im Knie überdecken könnte, streifte mich kurz. Länger beschäftigten mich der Mut des Knie-Mannes und sein Antrieb dazu. Ich glaube, ich müsste sehr verzweifelt sein, bevor ich diese Therapie einsetzen würde.

Dass Brennnesseln neben der Gesundheit auch der Schönheit dienen, das konnte ich selbst bei einem Experiment verfolgen. Einer Freundin, die mich auf der Alp besuchte, erklärte ich, wie sie sich hier oben ihre Haare waschen kann. Feuer im Herd anmachen. Einen Eimer Wasser vom Brunnen holen. In einem Kochtopf das Wasser erhitzen. In einer Waschschüssel heißes und kaltes Wasser bis zur gewünschten Temperatur mischen. Den Kopf über das Geländer der Veranda halten und mit dem Schöpfgefäß das Wasser über die Haare kippen. Wenn sie an einer Stelle Hilfe brauche, könne sie mich gerne darum fragen.

Ihre Vorbereitungen brauchten für mein Empfinden sehr viel Zeit. Und es schien, als gehörte eine Zeremonie mit Brennnesseltee dazu. Auf dem Küchentisch staken nämlich ganze Brennnesselpflanzen kopfüber in einem Krug mit heißem Wasser. Nein, das sei kein Tee, das sei Brennnesselwasser zum Haarespülen. Ihre üppige schulterlange Haarpracht habe mit dem Alter nicht nur die Farbe verändert, die Haare seien borstiger und widerspenstig geworden. Sie wolle Brennnesselwasser ausprobieren anstatt herkömmlicher Spülungen, die ihre Haare glatter machen, sie schneller fetten lassen und der Frisur ihren Halt nehmen. Im Stillen hegte ich Zweifel, ob die Brennnessel diesen Wünschen genügen könnte. Aber meine Freundin war nach der Pflege begeistert von ihrem geschmeidigen Haar.

Ich liebe die Brennnesseln am meisten in Form von Gemüse, ähnlich zubereitet wie Spinat. Um den obersten, jüngsten Teil der Pflanzen abzuschneiden, ziehe ich an meine linke Hand einen guten Arbeitshandschuh, ohne Loch beim Daumen. Denn zwischen ihm und dem Zeigefinger halte ich die Spitzen fest, während ich sie mit der Schere abschneide. Peinlichst achte ich darauf, dass nur saubere, von Kleinlebewesen freie, nicht eingerollte Blätter zu meinem Sammelgut gehören. Für zwei Portionen rechne ich etwa einen Fünf-Liter-Eimer voll frischer Brennnesseln. In nur wenig kochendes Wasser gebe ich die kompletten Spitzen und schließe den Topf. Wenn sie unter der Hitze zusammengefallen sind, brennen sie nicht mehr. Ich nehme sie dann mit dem Schaumlöffel aus dem Wasser und schneide die Masse auf einem Brett ganz fein. Das Brennnesselwasser würze ich mit Salz, Gemüsebrühe ohne Geschmacksverstärker und dem Pulver der Galgantwurzel. Letzteres ist mit seiner Schärfe mein Pfefferersatz. Denn den typischen Geschmack von Pfeffer, ob weiß oder schwarz, auch frisch gemahlen, habe ich nicht gerne. Das geschnittene Grün, eingerührt in das gewürzte Brennnesselwasser und abgeschmeckt mit Sahne, ergibt einen feinen Brennnesselspinat.

Im Salat esse ich frische Brennnesseln erst, seit ich herausgefunden habe, dass ihre Blätter, fein geschnitten, nicht mehr brennen. Bis ich darauf kam, das hat Jahrzehnte gedauert. Die Raupen des Kleinen Fuchses haben das Wissen, wie sie mit den Brennhaaren umgehen müssen, sicher mit in die Wiege gelegt bekommen. Sie fressen um die Brennhaare herum und bevorzugen Wege entlang den Blattnerven und Blatträndern, wo keine Brennhaare wachsen.

Pfannkuchen mit Brennnesselfüllung

Für 2 Portionen

Teig:

2 Eier

¼ l Milch

120 g Dinkelmehl, fein gemahlen

1 Prise Salz

Belag:

1 Zwiebel, gehackt

300 ml Wasser

1 TL gekörnte Gemüsebrühe

2 Handvoll Brennnesseln

Butterschmalz zum Backen

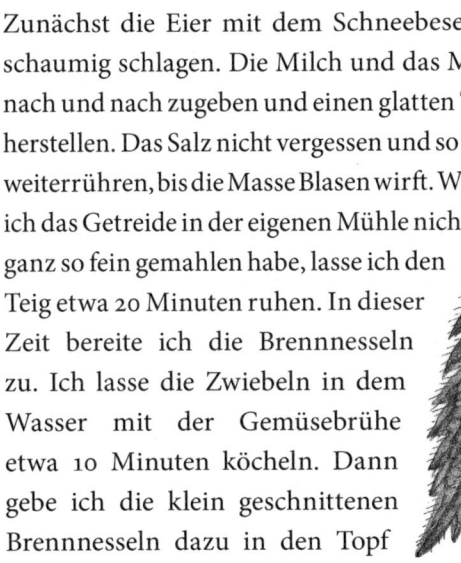

Zunächst die Eier mit dem Schneebesen schaumig schlagen. Die Milch und das Mehl nach und nach zugeben und einen glatten Teig herstellen. Das Salz nicht vergessen und so lange weiterrühren, bis die Masse Blasen wirft. Wenn ich das Getreide in der eigenen Mühle nicht ganz so fein gemahlen habe, lasse ich den Teig etwa 20 Minuten ruhen. In dieser Zeit bereite ich die Brennnesseln zu. Ich lasse die Zwiebeln in dem Wasser mit der Gemüsebrühe etwa 10 Minuten köcheln. Dann gebe ich die klein geschnittenen Brennnesseln dazu in den Topf und schließe den Deckel. Wenn das Grün zusammengefallen ist, sollte es zum Garwerden noch ein paar Minuten kochen. Ist der Pfannkuchenteig nachgedickt, rühre ich so viel Milch dazu, bis er ganz leicht vom Löffel fließt. In der Pfanne wird das Fett erhitzt und der Pfannenboden dünn mit Teig ausgegossen. Bei kleiner Hitze den Pfannkuchen von beiden Seiten goldbraun backen. Auf dem fertigen Pfannkuchen verteile ich einen Teil der Brennnesseln und rolle ihn zusammen. Je nach Pfannengröße ergeben Teig und Belag 2 bis 3 Pfannkuchen.

Schlangenknöterich – spielend versorgt

»Morgen Abend geht es auf die frische Weide«, sage ich zum ersten Rind beim Lösen des Strickes um seinen Hals. »Versprochen, morgen Abend gibt es junges Gras«, flüstere ich auch dem nächsten Tier ins Ohr, während ich es abbinde. Dem dritten sage ich es, indem ich ihm über seinen samtigen Halslappen streiche. Die meisten Rinder sind geduldig und freundlich, wenn ich es auch mit ihnen bin. Ich habe aber auch welche, denen komme ich nicht näher als nötig. Dazu gehören die nächsten drei Tiere, die ich jetzt freizulassen habe. Da sie zu Hause, beim Bauern im Unterland, immer frei laufen, sommers wie winters, ist es nicht ganz ungefährlich, sie hier oben ans morgendliche Anbinden im Stall und ans abendliche Abbinden zu gewöhnen. »Hallo ihr drei, heute geht's noch auf die alte Weide. Das Gras auf der anderen Seite des Zauns gibt es morgen. Es wäre toll, wenn ihr den Zaun respektiert«, rufe ich und binde sie zügig los.

Um die Zeit des Weidewechsels mache ich mir schnell Sorgen, die Tiere hätten nicht mehr genug zu fressen und müssten darben. Franz traut dem Vieh da viel mehr zu als ich. Wenn es nach ihm ginge, würde es noch drei Tage auf der alten Weide fressen, damit sie diese auch richtig putzen, das Gras auch in den letzten Winkeln fressen. Obwohl ich großzügiger bin als Franz, haben die Tiere vor morgen keine Chance auf eine frische Weide, denn ich möchte noch einmal Bergspinat kochen. Und der wächst hier oben nur in der Nähe des Gatters zur nächsten Weide. Nicht, dass die Tiere ihn mir wegfressen würden. Aber wenn fast vierzig Rinder darübergetrampelt sind, ähneln die Blätter dem Bergspinat kaum mehr.

Dass ich diese in Massen auftretenden, auf der Oberseite dunkelgrünen und unten leicht bläulich angelaufenen Blätter als Bergspinat essen kann, hat mir ein Mann gezeigt, der nur noch selten vorbeikommt. In den ersten Sommern passierte er regelmäßig die Hütte, stets angekündigt von meinem Hund. Mit seiner roten Windjacke konnte ich ihn als Fehlfarbe in der Landschaft von Weitem erkennen. Aus seinem Rucksack kramte er meist eine Tüte mit hartem Brot für meine Ziegen, eine kleine Dose Hundefutter und eine Tafel Schokolade. Im Gegenzug trank er von mir einen Bäzi, einen Apfelschnaps, der vom Alpaufzug übrig geblieben war. Von Haus aus sprach er wohl Französisch, bei mir eine Mischung aus Französisch, Schwiizerdütsch und Schriftdeutsch. Mir gefielen seine Wortschöpfungen und ich hörte ihm gerne zu. Er zeigte auf Ziegenköttel am Boden, die in der Sonne schwarz glänzten, klopfte sich mit der Hand an die Schläfe, als könnte er das entsprechende Wort im Hirn dazu bringen, auf seine Zunge zu fallen. Als er »Kapseln« ausspuckte, dachte ich: Genauso sehen sie aus. Ich erzählte ihm, trotz Düngen mit Kapseln sei der Spinat sehr mi... Ich wollte »mickrig« sagen, hätte das Wort aber bestimmt erklären müssen. So sagte ich gleich: klein. Wieso ich Spinat im Garten habe, wollte er wissen, es wachse doch genug davon auf der Weide. Das war mir bis dahin nicht bewusst. Wo wächst wilder Spinat? Er ging vorneweg und zeigte mir eine Stelle auf der Weide, die bei heftigem Regen oft vom Bach überschwemmt wird und auf der wie gesät ovale längliche Blätter wuchsen. Das sei Bergspinat.

Beim Pflücken merkte ich, dass, wenn ich vorsichtig an einem Blatt zog, der unterirdische, rosa gefärbte Blattstiel mitkam. Ich nahm zwei Hände voll mit zur Hütte, kochte sie und bereitete sie zu wie Blattspinat. Das Ergebnis schmeckte derb und schwer. Ich erinnerte mich, dass Oma die abgekochten Spinatblätter immer durch einen Fleischwolf drehte und so den Spinat als Mus auf den Tisch brachte. Zum Alpinventar gehörte ein Fleischwolf, aber den wollte ich wegen des aufwändigen Saubermachens nicht gebrauchen. Die Blätter des Bergspinats recht klein schneiden, das könnte eine gute Lösung sein. Ja, von der Konsistenz her fühlte sich das Gemüse auf der Zunge viel besser an als beim ersten Mal. Aber die Schwere – mir fällt kein beschreibenderes

Wort ein – blieb. Ich überlegte, welches luftige, leichte Grün gut zu dem Bergspinat passen könnte, und kam auf Brennnesseln. Beim dritten Mal kochte ich also Gemüse, das halb aus Bergspinat und halb aus Brennnesseln bestand. Abgeschmeckt mit Salz, Galgant, Muskat und einem guten Schuss Sahne schmeckte es richtig gut.

Doch mit voranschreitendem Sommer beobachtete ich noch etwas anderes, nämlich, dass zu diesen Bergspinatblättern etwa zwanzig Zentimeter lange Stängel gehörten, die sich nicht verzweigten. Auf unterschiedlicher Höhe trugen sie ein paar kleinere Blätter und an der Spitze eine Blüte, die ausschaute wie eine Ähre, in einem kräftigen Rosa – eine Zahnbürste, das Spielzeug meiner Kindheit.

»Komm, wir spielen Zahnbürste!« Ohne zu überlegen, laufen meine jüngste Schwester und ich los. Ich einen Schritt voraus, überqueren wir vor unserem Elternhaus die Straße, lassen auf Nachbars Grundstück das stets offen stehende Tor hinter uns und stehen auch schon mittendrin: Ein Flecken auf der Wiese, etwa so groß wie zwei Badetücher nebeneinander, auf dem statt Gras unendlich viele Blätter wachsen. Dazwischen stehen auf langen Stielen Blüten, die aussehen wie Zahnbürsten mit dichten rosa Borsten rundum. Um Erste zu bleiben, pflücke ich schnell eine Blume, zupfe die wenigen grünen Blätter vom Stängel und nehme ihn in die Hand wie den Griff einer Zahnbürste. Mit eindeutiger Handbewegung putze ich dann meine imaginären Zähne ein paar Zentimeter vor dem Mund. Meine Schwester hat ihre Position vor mir bezogen, schaut mich unentwegt an und ahmt meine Bewegungen nach. Auch als ich in schneller Folge von rechts nach links und umgekehrt wechsele, folgt mir mein Spiegelbild mit nur wenig Zeitverschiebung. Nach einer Weile tauschen wir die Rollen. Es ist ein Zeitvertreib, ein Spiel ohne Gewinner oder Verlierer. Aber als Spiegelbild gefällt es mir nicht mehr ganz so gut.

Nachdem ich auf der Alp diese unverwechselbaren Blüten als Teil des Bergspinats erkannt hatte, identifizierte ich die Pflanze im

Blumenbuch trotz einiger Verwandter, die allesamt viel kleinere Blüten trugen, als Wiesenknöterich. Seine Blätter enthalten viele Mineralien. Da in meiner Vorstellung Mineralien Steine und damit schwer sind, baute ich mir daraus eine Eselsbrücke: Wiesenknöterich – schwer auf der Zunge – mineralienhaltig. Trotz dieser Qualität ist der Wiesenknöterich in manchen Kräuterbüchern gar nicht erwähnt.

Namen wie Schafs- oder Lämmerzunge hat die Pflanze aufgrund der Form ihrer Blätter bekommen. Ich nenne sie Schlangenknöterich, wie sie auch heißt wegen ihres ziemlich dicken, schlangenartig gewundenen Wurzelstocks. Den will ich mir genau anschauen.

Mit der Gartengabel mache ich mich daran, eine Pflanze auszugraben. Ich habe vielleicht eine mit besonders kleiner Wurzel erwischt, denke ich und suche mir eine zweite mit üppigen Blättern. Das Graben geht so leicht, dass auch diese Wurzel nicht besonders tief oder ausladend sein kann. Ich ahne, dass ich eine völlig falsche Dimension von der Wurzel im Kopf habe. Sie ist schlangenförmig, wie erwartet. Aber dünn, gerade mal so dick wie mein kleiner Finger. Zu Hause vergleiche ich die ausgegrabene Pflanze mit dem Bild im Buch. Es stimmt alles, die Proportion und die Dimension. Die Idee einer richtig dicken Wurzel existierte nur in meinem Kopf.

Es ist das zweite Mal, dass meine Vorstellung von einer Wurzel nicht dem entspricht, was ich ausgrabe. In meinem ersten Sommer auf der Alp fand ich auf dem Weg ins Dorf im Schotter am Straßenrand eine noch nie gesehene Pflanze. Nachdem ich glücklich war, die hüfthohe Schönheit als Baldrian erkannt zu haben, wollte ich probieren, wie ihre Wurzel schmeckt. Denn sie enthält die ätherischen Öle und Alkaloide, die als Tropfen so beruhigend wirken. Vorsichtig zog ich am Stängel. In Erwartung einer tiefen, üppigen Pfahlwurzel – woher ich die auch hatte – war ich überrascht, als ich die Pflanze mühelos komplett in der Hand hielt, und enttäuscht ob des fein verästelten, kleinen Wurzelstocks. Alle weiteren Exemplare, die ich

Komposition in Grün und Gelb: der Löwenzahn ist mein leuchtender Frühlingsbote.

▲ *Finden, pflücken, schmecken – mit allen Sinnen den Frühling begrüßen auf einem meiner Kräuterspaziergänge.* ▼ *Kräuterbutter, Kräuterquark und Salat schmecken mit den wilden Kräutern noch mal so gut.*

▲ *Besondere Fundstücke aus Frühling und Sommer. Brennnessel und Augentrost.*
▼ *Reiche Ernte in meinem zauberhaften Garten auf fast 1200 Metern Höhe.*

▲ *Viele Schuhe, viele Töpfe, alles klar: ich habe Freunde zu Besuch. Und immer mit dabei ist Lasa, mein Hund, meine „fliegende Wildsau".*

▲ *Meine kälteste Holunderblütenernte, da war ich trotz Sommeranfang dick eingepackt.* ▼ *Streit um die Zitronenmelisse – begehrt bei Mensch und Ziege.*

▲ Ysop, mein liebstes Kraut aus dem Alpgarten. Damit würze ich großzügig kalte und warme Gerichte. ▼ Schlangenknöterich, die erste wildwachsende Zahnbürste im Test.

◀ Königliche Körperpflege: Handbad mit Heckenrosenblüten und Fußbad mit Kamille, Kümmelblüten und Klee. ▼ Die geschwungenen Blätter der jungen Schafgabe verliehen ihr vor langer Zeit den Namen „Augenbraue der Venus".

▲ *Mein kostbarer Ysop in drei Gängen, einfach drübergestreut und lecker: mit Kartoffeln und Ei, zur Pasta mit Fenchel und Ziegenkäse, im Salat samt blauer Blüten.*

▲ *Brennnessel und Schlangenknöterich frisch geerntet.*
▼ *Es ist jedes Mal wieder erstaunlich wie viele Blätter ich sammeln muss, um nach dem Kochen vom „Bergspinat" satt zu werden.*

▲ *Mein Lieblingstee aus den Blättern der Schwarzen Johannisbeere.*
▼ *Frisch geerntete Vogelbeeren, bereit zum Kochen, sobald ich die Beeren alle einzeln abgezupft habe.*

▲ Beerenvariationen: Hagebutten am Strauch und köstlich als Mus im Glas.
▼ Ein Fest für meinen Geschmackssinn: Holunderbeermarmelade auf Vollkornbrot, frisch gepflückte Himbeeren einfach so oder im selbstgemachten Ziegenjoghurt.

▲ *Kümmellese, eine Arbeit mit Fingerspitzengefühl. Doch der Geschmack im Ziegenkäse dankt es mir.* ▼ *Salatballett mit individuellen Zutaten auf der Alpveranda.*

„Guter Heinrich", für manche der „echte Bergspinat". Saftiger Löwenzahn schmeckt auch meiner schönen Hasenfrau.
Aromatischer Wacholder, ein Strauch nahe der Alphütte.

▲ *Nützlicher Wildwuchs: Baldrian – mit Blüte und Wurzel, Sauerampfer – auch von Ziegen geliebt, Beifuss – hütet die Tür zu meinem Vorratskeller.*

▲ Gute Wegbegleiter durch den Kräutersommer: Schafgabe und Spitzwegerich,
▼ Frauenmantel und echte Kamille, einfach zu erkennen an ihrem hohlen Blütenköpfchen.

▲ *Das erste Sonnenlicht des Tages bringt die Stockrosen zum Glühen.*
▼ *Ein Ort der Ruhe und Behaglichkeit, die Alphütte im Licht der Sterne, kurz vor dem Schlafengehen.*

aus den Steinchen zog, sahen ähnlich aus. Zu Hause betrachtete ich meine Wurzelbürste. Trotz ihres Namens schien sie mir für das vor mir liegende Wurzelwerk zu robust. Vorsichtig probierte ich es mit der Nagelbürste. Mit jedem Bürstenstrich zerfielen Würzelchen und meine Neugierde wandelte sich in Lieblosigkeit. Um zuletzt mehr zu retten, als zu zerstören, machte ich die Feinarbeit mit der Zahnbürste. Die gute Erfahrung war, dass die Würzelchen beim Kauen tatsächlich genauso schmeckten wie Baldriantropfen.

Auch die Wurzel des Schlangenknöterichs hat ihre Heilwirkung. Sie eignet sich zur Behandlung von Durchfall. Damit habe ich nie experimentiert, sondern die Blätter immer nur zum Kochen von Bergspinat genutzt. Dass Bergspinat aber nicht gleich Bergspinat ist, habe ich erfahren bei den Vorbereitungen zu einem Fest noch vor dem Alpaufzug. Über zwanzig Menschen hatte ich eingeladen. Zum Mittagessen sollte es Älplersuppe geben. Meine Freundin Regula hatte viel Übung darin, dieses Gericht auch in großen Mengen zu kochen. Als sie zusagte, die Suppe am Vorabend bei mir zuzubereiten, fühlte ich mich sehr unterstützt.

Nach Rezept hatte ich gewissenhaft alles besorgt, was an Zutaten auf meinem Zettel stand. Der Küchentisch war bedeckt von Kartoffeln, Zwiebeln und Ruebli, also Möhren. Dazu Hörnli, die kleinen, etwas gebogenen, kompakten Nudeln, und Greyerzer Käse, mittelalt, gerieben. Beim Zählen der Päckchen Vollrahm, doppelte Sahnestufe, verblasste meine Sorge, dass die Gäste von einer Suppe doch nicht satt werden könnten. Besonders stolz war ich auf den Bergspinat, war er doch die einzige Zugabe, die zu dem Zeitpunkt bereits hier oben wächst.

Als Regulas fachfraulicher Blick erst über den Tisch ging und dann zu mir, wusste ich blitzschnell, dass etwas nicht in Ordnung war.

»Wo ist der Spinat?«

»Hier, ich habe Bergspinat von der Weide geholt.«
»Das ist kein Bergspinat.«
»Wie, das ist kein Bergspinat? Klar ist das Bergspinat, das ist Schlangenknöterich.«
»Wenn Bergspinat, dann Guter Heinrich!«
Dumme Kuh, dachte ich und hoffte inständig, dass mir die Wörter nicht auf der Stirn standen. Unseren Disput, ob Schlangenknöterich oder Guter Heinrich der richtigere Bergspinat ist, beendeten wir mit zwei Feststellungen: Ich kenne in meiner näheren Umgebung keine Stelle, auf der Guter Heinrich wächst. Regula kocht keine Suppe mit Schlangenknöterich. Um mir meine Köchin zu erhalten, zog ich die schnellen Schuhe an, rannte den Berg runter zum Auto und schaffte es, rechtzeitig vor Ladenschluss im Dorf zwei Päckchen Spinat, tiefgefroren, zu erstehen. Bis ich zurück auf der Hütte war, hatte ich meinen Ärger keuchend der frischen Luft übergeben und über meine Füße im Boden versinken lassen.

An diesem Abend konnte ich nicht einschlafen. Ich stand auf, zündete eine Kerze an und suchte in meinem Pflanzenbuch nach Gutem Heinrich. Die Blätter der bis zu einem halben Meter groß werdenden Pflanze sitzen an einem rötlich geriffelten Stiel. Sie sind groß, dreieckig, am Rand gewellt, an der Unterseite pelzig und reich an Mineralstoffen. Sie also auch, dachte ich und rückte die Kerze näher. Sie werden in manchen Gegenden auch heute noch wie Spinat als Gemüse gegessen, daher nennt man ihn mancherorts auch Wilden Spinat. Und:»... in den Alpen wächst er besonders häufig in der Umgebung von Almhütten.« Demnach gehört meine Alp zu den Ausnahmen. Jedoch ohne Nachteil – hier wächst ja Schlangenknöterich, mein Bergspinat. Und den koche ich morgen, zum letzten Mal in dieser Saison.

Älplersuppe mit Bergspinat

Grundrezept für 6 Portionen

10 Kartoffeln
2 Zwiebeln
2 l Wasser
1 l Milch
Salz
200 g Hörnli-Nudeln
1 große Handvoll Bergspinat
(Schlangenknöterich oder Guter Heinrich)
1 große Handvoll Brennnesseln
½ l Doppelrahm
(Schlagsahne mit über 40 % Fettgehalt)
300 g Greyerzer Käse,
gerieben oder fein geschnitten

Die Kartoffeln schälen und würfeln. Die Zwiebeln fein schneiden. Kartoffeln und Zwiebeln mit Wasser, Milch und Salz etwa 10 Minuten kochen. Die Hörnli zugeben und weitere 10 Minuten kochen lassen. Den Bergspinat und die Brennnesseln in Streifen schneiden. Gegen Ende der Kochzeit das Grün etwa 5 Minuten lang mitkochen lassen. Den Topf von der Kochstelle nehmen, etwas warten und den Rahm einrühren. Er soll heiß werden, aber nicht kochen.

Den Käse in die Teller verteilen und die Suppe zugeben. Mir schmeckt die Suppe besonders gut, wenn ich geröstete Brotwürfel darübergestreut habe. Dafür nehme ich Brot, das ein paar Tage alt ist, schneide es in Würfel und röste sie in der Pfanne mit heißer Butter, Margarine oder Öl. Anstatt von Brennnesseln und Bergspinat eignet sich als Zutat auch »echter« Spinat. Außerdem passt in die Suppe ein Gemüsemix aus Möhren, Kohlrabi, Lauch, Sellerie, Zucchini, Mangold, je nachdem, was Garten, Keller und Markt gerade bieten, oder nach individuellem Geschmack.

Weg-Malve – ein Problem mit Biss

Klopf – klopf – klopf. Es ist dunkel. Ich bin wach geworden vom Klopfen in den Fingern meiner rechten Hand. Unter der warmen Decke hole ich meinen Arm hervor und halte ihn senkrecht in die Luft. Ist das ungemütlich. Aber es nutzt. Das Klopfen wird schwächer: klopf – klopf. Das ist mir zu anstrengend. Nur noch den Unterarm, gestützt auf den Ellbogen, mit Fingerspitzen, die zur Decke zeigen, wirkt auch. Während der Schlaf mich fortträgt, merke ich von weit her, dass die Hand müde am Pfeiler des Unterarms hängt. Als auch dieser nachgibt und mit einem satten Ton in den Federn der Decke versinkt, bin ich tagwach.

Ich hätte vorsichtiger sein sollen. In dem entscheidenden Augenblick kam mir überhaupt nicht in den Sinn, dass mir dabei etwas passieren könnte. Vielleicht wird ja alles gut und morgen Früh sind meine Finger schlank und weniger teigig. Der letzte Gedanke durchläuft wie geschmiert meine Hirnwindungen. Aber nur die vorderen. Die Sorgen aus dem Hinterkopf werfen ihre länger werdenden Schatten über meine Wünsche. Um mich zu orientieren, zumindest in der Zeit, fingere ich nach der Taschenlampe. Ich finde sie an ihrem Platz auf Kopfhöhe. Diffuses Licht der zur Neige gehenden Batterie fällt auf den Wecker. Halb drei. Da würde ich aber gerne noch mal einschlafen, bevor es Zeit zum Aufstehen ist. Doch den Erinnerungen an vorgestern habe ich in der Dunkelheit gerade nichts entgegenzusetzen.

Ich war, wie immer im Hochsommer, mit der Sonne aufgestanden. Lasa, mein Hund, meine Wildsau, der mit den Vögeln fliegen, auf den Rindern reiten würde, wenn er könnte, erwartete mich ausnahmsweise nicht schwanzwedelnd auf der Veranda, als ich die Küchen- und Eingangstür öffnete. Wo er sich mal wieder rumtreibt? Ich hätte ihn über Nacht auch anleinen können. Aber eigentlich will ich keinen Hund, den ich an die Kette legen muss, damit er nicht abhaut. Als ich die steile Treppe mit den abgetretenen, über die Jahre blank polierten Holzstufen hochstieg und die Falltür zur Heubühne einen Spalt öffnete, zwängte er seine Schnauze hindurch. Er hatte die Nacht im Heu verbracht und wartete bestimmt schon, seit er mich aufstehen gehört hatte, auf diesen Moment. Während ich die Klappe weiter öffnete, trat ich zurück, um Lasa freien Flug zu lassen. Dieser wurde jäh unterbrochen. Eine Treppenstufe auf halber Höhe hat, vielleicht schon ewig, ein Loch in der Größe einer halben Streichholzschachtel. Genau diese Aussparung traf der Hund mit seiner rechten Hinterpfote und hing darin fest, während der Rest seines Körpers weitereilen wollte. Dabei jaulte er herzerweichend, als ginge es um sein Leben. Und als hätte ich alles vergessen, was ich je über Hunde gelernt habe, ging ich mit helfender Hand auf das Tier zu, und schon war es passiert. Der Hund, in seiner Not, schnappte nach mir und hatte beim kräftigen Zubeißen drei Finger meiner rechten Hand zwischen seinen Zähnen. Es war eine Mischung aus »bis ins Mark erschrocken sein« und Schmerz, die mich laut aufschreien ließ. Während ich ganz damit beschäftigt war, zu realisieren, was passiert war, sah ich im Augenwinkel Lasa an mir vorbeirauschen und hörte Franzens Stimme. Wie immer es ihm gelungen war, der Hund war frei. Als Wesen des Augenblicks genügte es Lasa wohl, seinen Stress abzuschütteln, um stehenden Fußes fit zu sein. Kein Hinken, nichts. Er stand vor mir, wackelte mit dem Schwanz und in seinen Hundeaugen stand: Mach's doch so wie ich.

Meine verletzten Finger fühlten sich schlimmer an, als sie aussahen. An den stecknadelkopfgroßen, sauberen Einstichen der Zähne wuchsen ganz langsam Blutstropfen. Mit der linken Hand massierte ich meinen Unterarm in der Absicht, der Blutfluss solle die Wunden reinigen. Daher sparte ich auch nicht an Desinfektionsmittel. Nach einer Erholungsphase hatte der Schmerz sich gelegt. Na ja, nicht ganz.

Aber genug, dass ich glaubte, ich könne jetzt meiner Morgenarbeit nachgehen, also ging ich in den Stall zum Ziegenmelken. Kräftig zupacken, um die Milch aus der Zitze zu pressen, das konnte die verletzte Hand gar nicht. Ich leerte die Zitzen nacheinander linkshändig. Das erste Tier stand still. Dem Zweiten war das wohl so unangenehm oder vielleicht auch nur ungewohnt, dass es sich wehrte, indem es mit beiden Hinterbeinen gleichzeitig hochsprang. Zweimal ließ ich mir den Eimer umwerfen, ohne laut zu werden. Als beim dritten Ausscherversuch ein Huf im Eimer landete, zischte ich »du Biest«. Erhobenen Hauptes und mir beim Gähnen die zahnlose Kauschiene ihres Unterkiefers zeigend, hatte die Geiß nicht den Anflug eines schlechten Gewissens. Ich schob den Melkschemel weiter. Die Dritte sorgte vor. Sie legte sich hin, bevor ich loslegte. Um eine Hand reduziert, war ich nicht in der Stimmung, der Ziege klarzumachen, wer beim Melken das Sagen hat. »Ganz langsam, Ute, du bist diesen Sommer nicht allein, du kannst das Melken an Franz abgeben«, sagte ich laut zu mir selber. Ich ließ der Ziege ihren Willen und übergab Franz die Arbeit mit den Tieren. Da der Schmerz in meinen Fingern fast wegging, wenn ich sie hoch hielt, fixierte ich den Ellbogen in einer Armschlinge, sodass meine Finger auf Schulterhöhe ruhten.

Es gefiel mir noch, den Tag nichtstuend im Schatten zu verbringen, durch den Garten zu wandeln, ohne mich nach Unkraut zu bücken. Spazieren zu gehen, ohne wenigstens Reisig mit nach Haus zu bringen. Auch kühlen tat den Fingern gut. Und so ging ich immer wieder zum Brunnen, um meine Hand in das kalte, klare Wasser zu halten.

Am Morgen nach dem Unfall kam mir die Hand nicht anders vor als zwölf Stunden zuvor. Über Tag jedoch schwollen die Finger leicht an und beim Bewegen fühlten sie sich zäh wie ein Hefeteig an. Ohne jegliche Erfahrung mit Hundebissen kam mir der Gedanke, ob es gut wäre, einen Arzt daraufschauen zu lassen. Was sollte der machen?, fragte ich mich. Meine Tetanusimpfung war erst vor drei

Jahren aufgefrischt worden. Da achte ich sehr darauf, seit ich den Sommer hier oben verbringe, nahe am Stacheldraht und an der Axt, an Gartenerde und Mist. Schon manche Wunden habe ich mir geholt, auch tiefe, die vielleicht schneller geheilt wären, wenn sie genäht worden wären. Und solche, die sich entzündeten, weil ich sie nicht ausreichend pflegte. Noch sind alle geheilt. Ich finde, mein Körper macht das wunderbar, immer wieder Wege zu finden, um gesund zu werden. Ihn dabei mit Hilfe von außen zu unterstützen, liegt in meiner Verantwortung. Wenn ich zum Arzt ginge, verordnete er mir vielleicht Antibiotika. Das wollte ich nicht. Meine Erfahrungen in der Vergangenheit damit waren, dass Nebenwirkungen auch wieder mit Medikamenten behandelt werden mussten. Was hätten die Menschen früher wohl nach einem Hundebiss gemacht? Mein Vater gar nichts. Von ihm habe ich ein Bild, dass er solchen »Lappalien« keine Aufmerksamkeit gab. Welches Kraut hätte Hildegard von Bingen wohl aufgelegt? Jetzt ist es wieder da, das Klopfen. In der Hand oder den Fingern? Ich kann es gerade gar nicht unterscheiden. War es vorhin für eine Weile verschwunden oder war ich so in Gedanken, dass ich es nicht gemerkt habe? Klopf – klopf. Wenns böbbelet, bruuchts Chäslichrut! Was streift da meine Gedanken? Wenns böbbelet, bruuchts Chäslichrut! Das sind die Worte von Therese. Sie, die Bauersfrau, hatte ich in meinem zweiten Alpsommer um Rat gefragt. Ich war geplagt von einer Nagelbettentzündung, die einfach nicht heilen wollte. Es verlief immer gleich: Das Nagelbett am Ringfinger rötete sich langsam und fing an, auf Berührung wehzutun. Von Tag zu Tag steigerte sich die Farbe zu Feuerrot, das Druckgefühl wuchs und nachts klopfte, böbbelte, es im Finger. Sobald es mir gelang, mit Gegendruck von außen dem angesammelten Eiter einen Weg an die Oberfläche zu bahnen, ließ der Schmerz nach. Dann hatte ich ein paar Tage Ruhe, bis es von vorn losging.

Therese, der ich bei einem Dorfgang davon erzählte, ging nach draußen, kam mit einem Arm voll Chäslichrut, Käslikraut oder Weg-Malve, zurück. Ich solle das Kraut mit kochendem Wasser übergießen und in dem Sud den Finger baden. Nun, schaden wird es mir schon nicht, dachte ich. Bestenfalls hilft es. Ob es der richtige Zeitpunkt war oder meine Einstellung oder die Weg-Malve oder alles zusammen, seither hatte ich keine Nagelbettentzündung mehr, die sich so schlimm entwickelte.

Es spricht nichts dagegen, es im akuten Fall mit der gleichen Therapie zu versuchen, denke ich mir, und bin für ein Wunder offen. Weg-Malven habe ich ein paar schöne Exemplare im Garten. Die kamen ohne mein Zutun und wuchern seither alle Jahre wieder. Dass ich sie bewusst ernte und nicht ausreiße, um sie auf den Kompost zu werfen, das ist heute das erste Mal.

Schon früh stehe ich im Garten. Am Zaun finde ich einen am Boden kriechenden Ausläufer der Pflanze mit den lang gestielten Blättern, in deren Blattachseln rosa, leicht ins Violett gehende kleine Blüten sitzen. Ich hebe den Stängel an einer Stelle hoch und spüre über das Ruckeln in meiner Hand die Widerstände, die er zu überwinden hat, um sich aus den Verstrickungen mit den benachbarten Brennnesseln und Kletten zu lösen. Der fast einen Meter lange, robuste Stängel, eigentlich mehr ein Ast, ist reich begrünt. Fünf solche langen Stängel vereinigen sich zur Wurzel. Um die komplette Pflanze zu ernten, reicht die Kraft des gesunden Arms nicht aus. Mein ganzer Körper hilft mit, der verzweigten Pfahlwurzel entgegenzuwirken. Das Stück Erde, das die Pflanze bedeckte und jetzt freiliegt, sieht aus, als hätte ich einen halben Quadratmeter Garten säuberlich gejätet.

Eine Decke um Leib und Beine gewickelt, die Schüssel mit dem zusammengewickelten Ausläufer im heißen Wasser neben mir, sitze ich auf der Veranda. Während der Sud abkühlt, überschüttet die Sonne die Spitze des Hausberges mit Morgenlicht und klettert bedächtig auf Strahlenfüßen talwärts. Noch ist es kühl. Und doch erhebt sich bereits die Feuchtigkeit der Nacht und schwebt als Nebel gen Himmel. Ich freue mich an den sich ständig wandelnden Nebelschwaden, in denen meine Augen nach bekannten Formen suchen. Während ein Gesicht mit Nase zu einer Maus mit Schwanz mutiert, meldet mein Testfinger: Badetemperatur. Im Wasser spielen meine Finger mit den glitschig gewordenen Blättern. Das sind die Schleimstoffe der Malve, die sich, wenn ich Halsweh hätte und das Wasser trinken würde, als Schutzfilm auf Schleimhäute von Mund und Rachen legen würden. Wenn mein Vater mich sähe, würde er fragen, wieso ich in Käspappelwasser bade. Woher das »Käs-« kommt, weiß ich. Vom kreisrunden Fruchtstand mit der Delle in der Mitte, der sich aus scheibenförmigen, käselaibartigen Teilfrüchten zusammensetzt. Aber wieso »-pappel«? Mit der freien Hand packe ich die Schüssel, gehe in die Küche, stelle sie auf dem Holztisch unter dem Regal ab, hole von dort mein Pflanzenbuch, klemme es mir unter den Arm, nehme wieder die Schüssel und gehe zurück auf die Veranda. Linkshändig geht das Blättern stockend. Auch beim dritten Anlauf finde ich bei den alphabetisch geordneten Pflanzenbeschreibungen unter »M« keine »Malve«, auch nicht unter »W« wie »Weg-Malve«. Komisch. Erst beim Suchen im Inhaltsverzeichnis bleiben meine Augen unter »K«, »Käslikraut – Malve«, hängen. Tatsächlich erfahre ich hier, dass im Althochdeutschen *papp* eine breiartige Speise bezeichnete, wie sie auch aus den schleimhaltigen Malvenfrüchten gekocht wurde. Dass auch die Stockrosen in meinem Garten, deren unermüdliche Blütenlust mich beeindruckt, zu den Malvengewächsen gehören, auf die Idee hätte ich auch allein kommen können. Ihre Samenstände schauen nämlich genauso aus wie die der Weg-Malve, nur größer.

Während ich all diese interessanten Sachen lese, glaube ich zu spüren, dass es leichter wird, meine Finger im Wasser zu bewegen. Als ich aber die Hand rausnehme, fühlt sie sich an wie vor dem Bad.

Das hatte ich mir anders gewünscht: Einmal baden und alles ist gut! So ein Wundermittel gibt es nicht, tröste ich mich.

Am Abend sitze ich zum letzten Mal mit der Hand in der Badeschüssel auf der Veranda. Nein, meine Finger fühlen sich nicht anders an als gestern. Das ärgert mich. Ein bisschen Traurigkeit ist auch dabei. Und jetzt muss ich auch noch an Onkel Peter denken. Eigentlich war er mein Uronkel, der Bruder meiner Oma. Mein Bild von ihm ist vage. Aber sicher weiß ich, dass er eine Prothese hatte und deshalb hinkte. Von ihm erzählte mein Vater immer die gleiche Geschichte: Als Jugendlicher litt er nach einem Unfall, bei dem ihm ein Unterschenkel zertrümmert wurde, an Knochenfraß. Was das war, konnte mir Vater nicht genau erklären. Jedenfalls etwas sehr Schlimmes, Lebensbedrohliches. Der Unterschenkel wurde ihm abgenommen. Bei den Gedanken bekomme ich Angst um meine Finger. Die werte ich als Hinweis, dass es morgen Zeit ist, zum Arzt zu gehen.

Als ich ihm von dem Grund meines Besuches berichte, erklärt er mir vorweg, dass Hunde mit ihrer kräftigen Kaumuskulatur und ihren langen spitzen Fangzähnen tiefe Wunden verursachen können. Und dass die Infektionsgefahr groß sei wegen der Keime in der Mundschleimhaut des Tieres. Die Tollwutfrage ist schnell geklärt. Dagegen ist Lasa natürlich geimpft. Bei der Untersuchung schweigt er und dreht meine Hand einmal mehr, sodass der Handrücken ihm wieder zugewandt ist. Ich merke, wie ich die Stille gleichsetze mit einer schlechten Diagnose und sie im gleichen Augenblick als gutes Omen werte. Als der Arzt ansetzt zu sprechen, springt mein Hirn bestimmt noch zehnmal von der einen Seite zur anderen. Und dann ist es entschieden. Eine bakterielle Entzündung, da mache er gar nichts, damit müsse ich ins Krankenhaus, sagt er. In meinem Hirn läuft ein Band: Das kann nicht sein. Ich will nicht ins Krankenhaus. So schlimm ist es doch sicher nicht. Ich habe Angst, die behalten mich. Es ist Sommer, ich habe keine Zeit fürs Krankenhaus ...

Erst auf dem Weg zum Kantonsspital spüre ich, wie meine innere Auflehnung abklingt und eine leise, hilfreichere Stimme in mir zu Wort kommt: »Sei ganz beruhigt. Die Tiere sind versorgt. Franz ist da und kümmert sich darum.«
Zwei Tage und zwei Nächte dauert es, bis das Antibiotikum wirkt. Vom Bett aus gesehen, mit einer Infusion im Arm, eine lange Zeit.

Am ersten Tag suche ich vergeblich nach Antworten auf Fragen: Wie viele Tage es wohl gedauert hätte, bis das Baden in Chäselichrut Wirkung gezeigt hätte? Hätte ich früher zum Arzt gehen müssen? Ob schon mal jemand an einem Hundebiss gestorben ist? Ob man bei Tollwut wirklich Schaum vor den Mund bekommt?

Am zweiten Tag bin ich gelassener. Ich spüre Erleichterung darüber, dass ich die Verantwortung für das Gesundwerden meiner Hand nicht mehr allein tragen muss. Welch große Anspannung ich in den vergangenen Tagen in mir trug, merke ich an meinen Tränen, als ich am dritten Tag fühle und sehe, dass es meiner Hand besser geht. Es fällt leichter, sie zu bewegen, und die gerötete Schwellung ist auf dem Rückzug. Ich bin glücklich. Als bei der Visite meine Wahrnehmung von außen bestätigt wird, bin ich noch glücklicher.

Ab jetzt genügt es, die Medizin in Tablettenform weiter einzunehmen. Ich werde entlassen. Franz holt mich ab. Im Auto erwartet mich Lasa. Wenn er könnte, würde er mich umarmen und küssen, so sehr freut er sich, als er mich sieht. Ganz meinerseits. Ein bisschen hatte ich befürchtet, wenn ich ihn wiedersehe, könnte es sein, dass ich ihm die Schuld an der ganzen Sache gebe und ihn nicht mehr gerne habe. Nichts dergleichen.

Als auf dem Fußweg zur Alp das Dach der Hütte in Sicht kommt, ist mir, als kehrte ich von einer langen Reise zurück. Beim Öffnen der Küchentür muss ich lachen. Der ganze Tisch scheint überwachsen mit Weg-Malve. Franz hat als Willkommensgruß eine komplette Pflanze aus dem Garten geholt und in eine Vase gestellt.

Quendel – ein Hauch von Ameisen und Abenteuer

Von »ich könnte« über »ich sollte« zu »heute gehe ich« dauert es meist ein paar Tage. Dabei mache ich es sehr gerne, wenn ich erst dabei bin. Mittagszeit, es ist heiß. Gut so. Wenn die Sonne am höchsten steht, entfaltet er seine größten Kräfte. Seit ich mir einen Sonnenstich geholt habe, mit Übelkeit und Schwindel, setze ich, wenn ich längere Zeit draußen bin, immer den Strohhut auf. Er ist ein Erbstück in der Form eines Tropenhelmes, das mitnichten darauf hinweist, dass ich nur Quendel sammeln gehe. Die langärmelige, weite Bluse schützt vor der Sonne und ist doch durchlässig für den leichten Wind. Eigentlich würde ich lieber barfuß laufen, aber dazu wachsen mir hier oben auf dem trockenen Boden zu viele Disteln. Mit hier oben meine ich die Weide über der Hütte, die letzte der vier Weiden. Wenn sie abgefressen ist, steht das Gras auf der ersten bereits hoch genug und die zweite Runde kann beginnen.

Diese Weide ist übersät mit kleinen Hügeln, ähnlich einer Buckelpiste. Im Grün der Landschaft fielen die kleinen Hügel vielleicht gar nicht so auf, wenn sie nicht bewachsen wären mit blühendem Quendel, dem wilden Bruder des Thymians. Und in den Hügeln wohnen Ameisen, was ich erst mit der Zeit merkte. Im Gras zu knien und das Kraut serviert zu bekommen, erhöht wie auf einem Tablett, das war sehr praktisch. Wenn es dabei ab und zu an den Beinen kribbelte, schüttelte ich Spinnen, Käfer oder Heuhüpfer ab. Aber als es immer öfter passierte, dass es erst stach und dann brannte, wurde ich auf die Ameisen aufmerksam. Lange machte ich mir nichts draus, es ging ja wieder weg. Seit sich eine Ameise wohl in meinem Hosenbein gefangen fühlte und sich so richtig wehrte, indem sie öfters zubiss, hole ich den Quendel lieber mit nackten Beinen.

Mit den Jahren stelle ich fest, dass ich entweder empfindlicher geworden bin oder das Gift der Ameisen aggressiver. Rote, brennende Quaddeln wachsen auf Handtellergröße an und brauchen Tage, um ganz zu verschwinden.

Heute habe ich besonders gut für mich gesorgt. Auf einem ausgebreiteten Tuch knie ich vor einem Quendelkissen, einem kleinen Meer, das in Rosarot mit leichtem Blaustich leuchtet. Die vielen feinen Blüten haben sich zu ovalen Ähren an den Spitzen von jedem Stängel zusammengefunden. Ich nehme ein Pflänzchen zwischen meine Finger und ziehe leicht daran. Als hielte ich nur die Spitze des Eisberges, wird es immer länger und weitere Ästchen vereinen sich zu einem Stängel. Etwa zehn Zentimeter sind schon zum Vorschein gekommen, als ich den Widerstand der Wurzel spüre. Am unteren Ende ist das Gewächs leicht verholzt, sodass ich es gut abbrechen könnte. Das mache ich, wenn ich eben ein paar Kräuter von der Weide mitbringe für das Mittagessen. Aber um größere Mengen zu sammeln, gebrauche ich lieber eine Schere. Das geht einfacher und schont die Wurzeln.

Mit den ersten Kräutern in meinem Korb erreicht mich der herbwürzige Duft des Öls, das Blätter und Blüten verströmen. Es riecht so typisch und so gut, dass ich mir die Finger unter die Nase halte und den Geruch mit dem Einatmen bis in meine Zehen schicke. Da ist sie, die Erinnerung an Griechenland. Wir waren zu zweit mit dem ausgebauten VW-Bus unterwegs und campten oft wild, als ich zum ersten Mal in meinem Leben Thymian roch. Seither verbinde ich Abenteuer damit. Damals, das war echter Thymian, wie er im Mittelmeerraum zu Hause ist. In unseren Breiten wächst Thymian oder Quendel bis auf 4500 Meter Höhe an sonnigen Plätzen, auch im Gestein und an Felsen. Sein Duft ist ein wenig blumiger als der des echten Thymians und begegnete mir zum ersten Mal auf der Alp.

Zuvor hatte ich aber schon allerlei gehört von der Pflanze mit dem wenig eingängigen Namen. Denn lange bevor ich meine Leidenschaft für die Kräuter in der freien Natur entdeckte, erzählte Mutter im Zusammenhang mit der heiligen Hildegard bereits von Gewürzen und Heilkräutern, deren Namen ich nie gehört hatte. Wenn das Wort Quendel fiel, dachte ich an Quentin Tarantino oder San Quentin. Gut, dass Mutter so sehr begeistert war von der Ordensfrau Hildegard von Bingen und ihrer Heilkunde, denn sie berichtete wiederholt davon. Da Quendel mit Galgant und Bertramwurzel zu den Basisgewürzen in der Hildegard-Küche gehören, lernte ich gleichzeitig drei Namen mit den dazugehörenden grünen, braungrauen und graugelben Pulvern kennen. Mit der Zeit verstand ich ihr Anliegen so, dass man sich die Heilkraft von Kräutern auch vorsorglich zunutze machen kann, wenn man sie dem täglichen Essen zugibt. Irgendwann merkte ich mir: Quendel hilft bei allen Hautkrankheiten und dient allgemein der inneren Reinigung. Galgantwurzel, ein Ingwergewächs, ist das schnellste Herzmittel bei Schwindel, Schwäche und Schmerzen, die vom Herzen kommen. Und Bertramwurzel sorgt für die Reinigung des Blutes.

Heute finde ich die Vorstellung, mich durch Gewürze »gesund zu essen«, großartig. Die Idee ist uralt, denn »Eure Nahrungsmittel sollen Heilmittel sein«, so soll schon Hippokrates gesagt haben, der berühmte Arzt des griechischen Altertums.

Nach Hippokrates und Hildegard von Bingen gebe ich im Sommer regelmäßig frisch gepflückten Quendel in meinen Salat. In der Naturheilkunde wird die Wirkung des Quendeltees besonders bei Erkrankungen der oberen Luftwege gelobt. Und laut Überlieferung galt die Pflanze als Antibiotikum der armen Leute, weil sie Bakterien und Viren abtötet.

Aber woher wissen die Ameisen das? Sie verschleppen nämlich, so lese ich, die Quendelsamen zu ihren Wohnungen und bepflanzen ihr Dach damit, um ihren Staat vor Bakterien- und Virenbefall zu schützen. Diese kleinen, emsigen, beißenden Biester, zahlenmäßig die größte Population aller Tierarten auf der Erde, sind doch schlauer, als ich dachte.

Wie Vater herausgefunden hat, dass Quendel an einer Stelle im Idarwald wächst, dem Hausberg meines Heimatdorfes, weiß er nicht mehr. Aber er erzählt gerne davon, dass er jedes Jahr einmal mit seinem Moped die für Fahrzeuge gesperrte Straße fuhr, um zu den Quendelgründen zu kommen. Als er nicht mehr fit genug für diesen Job war, habe ich diese Arbeit für ihn auf der Alp übernommen. Um bei täglichem Gebrauch den Vorrat für ein ganzes Jahr zu ernten, sammelte ich eine, wie ich fand, recht ansehnliche Menge für meine Eltern. Bei der Übergabe bemerkte Vater mehrmals: »Das ist aber nicht zu viel.« Seither sammele ich noch größere Berge.

An Wintertagen zupft er stundenlang, tagelang die Blätter und Blüten vom Stängel ab, während Mutter diese in einer ausgedienten elektrischen Kaffeemühle mahlt, um sie als Pulver zu verwenden.

Ich komme mir vor wie in einem Quendelparadies. So viele Kissen sind erblüht, seit ich das letzte Mal zum Sammeln war. »Ich habe alle Zeit der Welt und bleibe so lange, bis mein Korb voll ist«, sage ich mir, als ich merke, dass ich einen Hügel, auf dem besonders große Exemplare wachsen, am liebsten vollständig plündern würde. Wo ich doch eigentlich darauf achte, nicht zu viele Pflänzchen an einem Ort zu ernten.

Durch mein Revier streifend, bleibe ich vor einem Hügel stehen. Was auf den ersten Blick an ein Osternest erinnert, ist ein farbenfrohes Kissen, in dem eine Losung liegt. Mir ist schon oft aufgefallen, dass Tiere bevorzugt erhabene Orte in der Landschaft als Toilette benutzen. Vielleicht meine ich es auch nur, weil diese Stellen so unübersehbar sind. Fuchs, Marder oder Dachs? Nicht, dass ich mich damit auskenne, aber Marderkot erkenne ich im Sommer an den vielen Kirschkernen, die er enthält. Einen Dachs habe ich erst einmal hier oben gesehen, während der Fuchs zum Sommer gehört. Er ist der größte Feind meiner Hasen und Hühner. Dieser Kot, daumendicke, walzenförmige Teilstücke, am Ende spitz ausgedreht – ich meine, der ist vom Fuchs. Wo aber der Fuchs hingeschissen hat, ist auch der Fuchsbandwurm. Und der ist gefährlich! Vor einigen Sommern war das ein brisantes Thema, das über das batteriebetriebene Radio bis in meine Stube auf der Alp kam. Zunächst distanzierte ich mich von den Fuchsbandwurm-Horrorgeschichten, an deren Ende Leberversagen stand. Als ich aber merkte, dass ich mich auf meinen Wegen durch den Wald und über die Weide immer seltener bückte, um ein Blatt, eine Kümmeldolde oder eine Beere zu pflücken und in den Mund zu stecken, spürte ich meine Unsicherheit. Auch beim Rühren von Himbeermarmelade dachte ich: Wie gut, dass die Früchte so hoch hängen. Und die Heidelbeermarmelade kochte ich nach Vorschrift besonders lange, um die eventuellen Larven abzutöten.

Als mir aller Spaß am wilden Ernten vergangen war, rief ich beim Gesundheitsamt in Bern an, in dem festen Entschluss: Was die sagen, danach richte ich mich. Ein Mediziner am anderen Ende der Leitung erzählte mir ohne Leidenschaft: Die Wahrscheinlichkeit, mir durch das Essen von Wildbeeren und Kräutern einen Fuchsbandwurm zu holen, sei so groß wie die Wahrscheinlichkeit, bei der Suche danach von einem Motorrad überfahren zu werden. Seine Worte ließen ein so klares Bild vor meinen inneren Augen entstehen, dass ich ihm ohne Zögern glaubte. Denn Mountainbiker passieren schon mal meine Hütte und fragen nach dem Weg, den sie unter den Rädern verloren haben. Und wirklich verläuft der Wanderweg, der den Kamm mit der Talstraße verbindet, einen halben Kilometer weiter westlich. Aber ein Motorrad habe ich hier oben tatsächlich noch nie gesehen. Ich hatte meine Freiheit zurück!

Natürlich schneide ich keinen Quendel von dem Fuchshügel. Aber ich mache mir auch keine Sorgen, wenn ich zehn Meter daneben welchen hole.

Ich bin stolz auf meine reiche Ernte, die ich zur Heubühne bringe. Ob der Quendel trocken ist, den ich vor etlichen Tagen hier auf einem Tuch ausgebreitet habe, teste ich, indem meine Finger damit spielen. Das fühlt sich nicht nur gut an, das feine Knistern klingt auch gut. Die Portion ist so trocken, dass ich sie in einen Kopfkissenbezug fülle. Und da es auf der Bühne überall schattig und luftig ist, hänge ich ihn zur Aufbewahrung dorthin, wo er mich am wenigsten stört. Den frischen Quendel breite ich großflächig aus, damit die Luft hindurchstreichen kann.

Wie einfach es für mich geworden ist, frisches Kraut durch Trocknen haltbar zu machen, denke ich. Was habe ich es mir damals so kompliziert gemacht, in meinem ersten Alpsommer, beim ersten Kräutertrocknungsversuch meines Lebens – und ohne Erfolg obendrein.

Therese, die Bauersfrau, sorgte gut für mich. Bei jedem Besuch nahm ich Köstlichkeiten aus ihrem Garten mit auf die Alp. Kohlrabi, Salat, Johannisbeeren, was gerade erntereif war. Dieses Mal hatte sie mir unter anderem Schnittlauch dazu in die Papiertüte gelegt. Drei Handvoll waren es, eher noch mehr. Was sollte ich damit machen? Die schlichteste Möglichkeit wäre gewesen, ihn gleich den Hühnern zu geben. Denn für meinen Magen ist frischer Schnittlauch nichts. Das habe ich daraus geschlossen, dass ich noch lange nach dem Essen selbst von kleinen Mengen aufstoßen muss, mit immer wieder dem gleichen Geschmack im Mund. Ob das auch für getrockneten galt? Einen Versuch war es wert. Ich hatte gesehen, dass Therese ein elektrisches Gerät betrieb, in dem Siebe mit dem zu trocknenden Gut übereinandergeschichtet mit warmer Luft von unten durchgepustet wurden. Dieses System auf Alpverhältnisse, stromlos, zu übertragen, hieß, den klein geschnittenen Schnittlauch auf Papier und dieses auf den Backrost aus dem Küchenherd zu legen. Die Anordnung stellte ich außen auf das Fensterbrett, wo es luftig und sonnig ist. Erst abends fiel mir der Schnittlauch wieder ein. Um die Hausecke kommend erkannte ich, dass etwas anders gelaufen war als gedacht. Die Hälfte der grünen Röllchen war verschwunden, vom Winde verweht. Die verbleibende Hälfte war zwar trocken, hatte aber eine unansehnliche Braunfärbung.

Für einen zweiten Versuch schob ich eine Portion klein geschnittenen Schnittlauch, auf Papier und Rost, morgens während des Einheizens in den Backofen. Damit er nicht zu warm würde, ließ ich die Ofenklappe auf. Schon bei der ersten Kontrolle stritten sich meine Gedanken: Das konnte ja nicht gut gehen! Wieso denn nicht? Tatsache war – gleiches Braun wie gestern. Vielleicht lag es am Schnittlauch! Es könnte doch sein, dass es Schnittlauch gibt, der beim Trocknen seine Farbe verändert. So wie es Porree gibt, der den Winter im Garten gut übersteht, während eine andere Sorte nach dem Frost breiig in sich zusammenfällt. Nicht, dass ich dem Schnittlauch die Schuld gab. Er hätte einfach weniger Sonne und Hitze gebraucht. Doch auf dem weiten Gebiet des Experimentierens mit dem Trocknen von Pflanzen blieb dies zunächst mein einziges Projekt. Bis zu dem Sommer, als ich damit begann, Quendel durch Trocknen haltbar zu machen.

Am liebsten habe ich ihn immer noch frisch. Auf meinen Weidegängen stecke ich die Nase gerne tief in ein Quendelkissen, bevor ich ein paar Stängel pflücke. Beim nächsten Essen werde ich ihren Geschmack genießen und meinem Körper Gutes tun.

Grünkernfrikadellen mit Quendel

Für 4 Portionen
1 Zwiebel
Fett zum Braten
½ l Wasser
200 g Grünkern, grob geschrotet
1 EL gekörnte Gemüsebrühe
1 EL Hefeflocken
je 1 TL Salz, Senf, Paprika
1–2 Eier
50–80 g Haferflocken
4 TL Quendel, frisch oder getrocknet,
oder 2 TL Quendel, zerrieben oder gemahlen

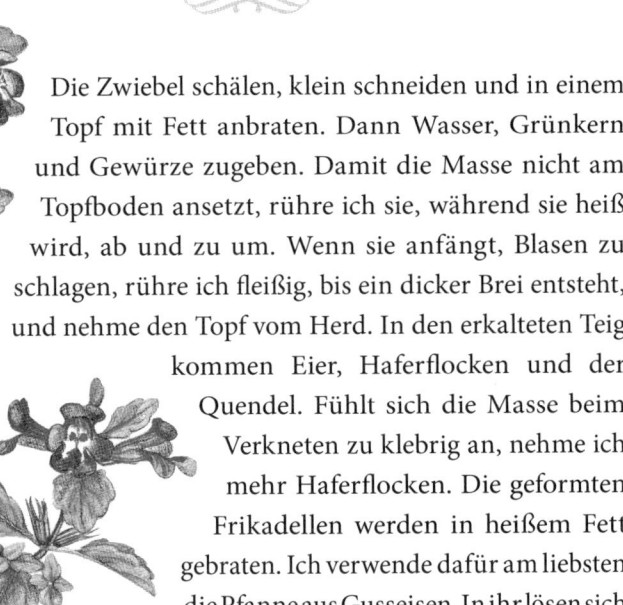

Die Zwiebel schälen, klein schneiden und in einem Topf mit Fett anbraten. Dann Wasser, Grünkern und Gewürze zugeben. Damit die Masse nicht am Topfboden ansetzt, rühre ich sie, während sie heiß wird, ab und zu um. Wenn sie anfängt, Blasen zu schlagen, rühre ich fleißig, bis ein dicker Brei entsteht, und nehme den Topf vom Herd. In den erkalteten Teig kommen Eier, Haferflocken und der Quendel. Fühlt sich die Masse beim Verkneten zu klebrig an, nehme ich mehr Haferflocken. Die geformten Frikadellen werden in heißem Fett gebraten. Ich verwende dafür am liebsten die Pfanne aus Gusseisen. In ihr lösen sich die Bratlinge gut vom Pfannenboden.

Sanikel – heilt alle Wunden

Wo sie nur bleiben? Was sie wohl treiben? Vorhin beim Stallausmisten haben die beiden sich unerschrocken gegenüber Geruch, Dreck und Arbeit gezeigt. Sie haben den Hauptanteil der Abendarbeit gemacht. Meinen Job sah ich einzig darin, die Flächen, auf denen die Rinder morgen wieder liegen werden, mit der Schaufel noch mal abzukratzen, damit das Holz darunter richtig trocknen kann. Aber den Mist auf die Schubkarre laden und rausfahren, das haben die Jungs allein hinbekommen. Nachdem jedem beim ersten Mistausladen die Karre samt Inhalt von der schmalen Planke in den Misthaufen gefallen war, zeigte ich ihnen, wie sie auf die Rampe fahren und gleichzeitig Chef über ihr Handwerkszeug bleiben konnten.

Wir hatten viel Spaß. Der Holzboden des Mittelganges im großen Stall war ohne Mist so schliffrig unter den Sohlen unserer Gummistiefel, dass wir ihn zur Schlitterbahn erklärten. Die Jungs machten sich selbst dann nichts daraus, wenn sie aus dem Gleichgewicht kamen und sich eben noch mit der Hand abfangen konnten, statt mit dem Hintern im Dreck zu landen. Bevor sie nachher in ihre Schlafsäcke kriechen, müssen sie sich wenigstens Arme und Beine waschen.

Sie sagten, sie hätten im Wald oberhalb der Hütte noch was zu erledigen, als sie loszogen, jeder mit einem Beil in der Hand. Das ist schon einige Zeit her und langsam wäre ich froh, wenn sie zurückkämen. Ich laufe die Mistrampe hoch, lege meine Finger rechts und links hinter die Ohrmuscheln, um besser zu hören. Kein Ton von den beiden. Es wird alles in Ordnung sein. In dem Augenblick höre ich Ziegenglocken. Ich finde, dass sie eher rappeln als läuten. Das liegt daran, dass nur eine von den fünfen eine kleine, gegossene Glocke mit hohem, fast engelhaftem Klang trägt. Die anderen Glocken, die unter dem Hammer des Schmieds getrieben wurden, tönen eher blechern.

Die schnelle Tonfolge hört sich an wie ein Klangteppich, weil die Glocken bei jedem Tritt an den dünnen Hälsen mitschwingen. Am Gerappel höre ich, dass sie näherkommen, und rufe »zeu-zeu-zeu«. Ein »äh-äh-äh-äh« ist ihre Antwort. Ich liebe sie sehr, trotz ihrer unersättlichen Neugierde, die sie über Zäune springen und sich darunter durchzwängen lässt, was mir ganz und gar nicht immer passt. Nachdem ich sie angebunden, gemolken und ihnen den Frieden der Nacht gewünscht habe, nachdem die Milch im kühlen Keller steht, bringe ich den Melkeimer zum Trocknen auf das Gestell draußen, über dem Stubenfenster. Jetzt höre ich Stimmen, freudiges Gejohle. Dann sind sie wohlauf. Die Nacht löst bereits den Tag ab, als ich ihnen entgegengehe. Alexander, mein Patenkind, läuft vorneweg. Hinter ihm, immer im gleichen Abstand, geht sein Freund Thomas. Die beiden schleppen einen Holzstamm. Und was für einen. Während beide gleichzeitig loslegen, um mir zu erzählen, wie sie den Baum gefällt haben, sehe ich selbst noch bei diesem Licht: Das war wirklich ein Baum, kein Bäumchen. Etwa drei Meter lang, entastet und auf die ganze Länge fast gleichmäßig dick, das Mittelstück eines Stammes. Sie hätten mit dem Beil so lange draufgehauen, bis er ab war. Ich bewundere ihre Kraft und sage, dass ich mir ihr Werk morgen im Hellen genauer anschaue.

Von meinem Bett aus, es steht in einem Zimmer, das von der Heubühne abgetrennt wurde, höre ich die beiden, die im Heu schlafen, noch kurz fachsimpeln über das Holzfällen. Damit ihr Vorhaben gelingen konnte, hatten sich die beiden Zwölfjährigen wohl recht verausgabt, denn schnell wurde es still.

Am nächsten Morgen sind die zwei früh fit. Das Wichtigste für sie noch vor dem Frühstück ist, dass wir uns den Stamm von gestern anschauen. »Da habt ihr aber lang und kräftig draufhauen müssen«, sage ich, während ich das abgehackte Ende begutachte, das ausschaut, als habe ein Biber den Baum abgenagt. Was mir nicht gefällt, ist, dass sie einen grünen Baum gefällt haben, wo doch genug dürre Bäume herumstehen. Als Brennholz dient abgestorbenes Holz. Aus grünen Bäumen werden Weidezaunpfosten gesägt. Sie halten länger und das frische Holz ist leichter zu bearbeiten. Das hatte ich den beiden bei unserem Streifzug durch den Wald wohl nicht anschaulich genug erklärt – oder doch?

Zuerst hätten sie ihre Kräfte gemessen an einem Baum, dessen Äste keine Nadeln mehr trugen und an dem die Rinde in langen Lappen herunterhing. Beim Versuch, ihn abzuhacken, sei das Beil zurückgefedert, ohne eine Kerbe zu hinterlassen. Bei dem Baum, den sie dann wählten, sei das viel leichter gegangen. Das glaube ich. Meine Vermutung, dass sie einen langen Stumpf haben stehen lassen, bestätigen sie mir, als sie zeigen, wie hoch das verbliebene Stück ist. »Den fällen wir die Woche noch richtig«, lenken sie ein, »aber heute nicht. Heute machen wir Späne.« Das lobe ich mir, Jungs, die sehen, wo es fehlt. Späne brauche ich immer.

Als ich glaube, ihnen etwas Holzhacktechnik zeigen zu müssen, damit sie weniger Kraft brauchen, verweisen sie mich in die Küche. Ist ja schon gut, denke ich und sage trotzdem noch einen abschließenden Satz: »Und immer beide Hände ans Beil!« Es dauert nicht lange, da kommen die beiden stolz an. Sie tragen zwischen sich die Kiste mit den ordentlich gestapelten Spänen. Es mache ihnen so viel Spaß, dass sie noch eine Kiste vollmachen möchten.

Während ich in der Küche bei offener Tür dem Käse nun seine endgültige Form gebe, höre ich wie die Beile hacken und Holz splittert. Es ist aber auch paradiesisch hier oben für die Jungs aus der Stadt. Und tolles Wetter. Es soll die nächsten Tag so bleiben.

Plötzlich ein Schrei und dann Ruhe. Das war Thomas' Stimme. Ich lasse den Käsering fallen und laufe zur Tür. Da steht Thomas schon vor mir. Mit der rechten Hand hält er das Handgelenk seiner linken. Und noch bevor er ein Wort sagen kann, verdreht er die

Augen und sackt nach hinten weg. In die Arme von Alexander, der ihm auf den Fersen ist. Alex strauchelt und beide liegen am Boden. Mein »Ach, du lieber Gott« hört Thomas nicht mehr. Darauf folgt eine Schrecksekunde, die so lange währt, dass mir Zeit bleibt zu merken, wie starr und handlungsunfähig ich bin. Alex wälzt sich unter seinem Kollegen hervor und rappelt sich auf. Ihm ist nichts passiert. Thomas liegt ausgestreckt mit bleichem Gesicht am Boden. Im Geiste schicke ich dieses Mal bewusst ein Stoßgebet zum Himmel. Unsere erste Idee, Thomas auf die Matratze in die Stube zu tragen, verwerfen wir, als wir merken, dass der lange, schlaksige Kerl mehrere Zentner zu wiegen scheint. Stattdessen zerren wir ihn nur so weit, dass er ganz mit dem Rücken auf den Dielen des Küchenbodens liegt und nicht halb auf der Schwelle zur Küche. »Hol den Schemel aus der Stube«, rufe ich Alex zu, während ich nach den Notfalltropfen auf dem Regal über dem Spülbecken greife. Sie sind eine Mischung aus fünf Bachblüten, geeignet für Notfälle jedweder Art. Zwei Tropfen aus der Pipettenflasche gebe ich Thomas auf die Stirn. Alex möchte keine. Im Wegstellen erst falle ich mir ein und ich gebe einen Tropfen auf meine Zunge. »Und jetzt seine Beine hochlagern«, sage ich und packe Thomas' Beine, winkele sie in den Knien ab und erwarte, dass Alex den Schemel darunterschiebt. Er versteht nicht, was ich meine. Woher soll er in seinem Alter auch wissen, wie mit einem Ohnmächtigen umzugehen ist. Den Hocker nahe zu seinem Po schieben, soll die Geste heißen, die ich mit dem Kopf mache, während ich sage: »Komm näher, noch näher.«

In dem Moment schlägt Thomas die Augen auf. Merci schön!, danke ich innerlich, knie mich neben den Jungen und streiche ihm über den Kopf. »Es ist alles gut, bleib nur liegen.«

Er nimmt den linken Arm hoch und dreht die blutbeschmierte Hand, um seinen Finger besser sehen zu können. Erst in diesem Augenblick erinnere ich mich an den Grund seines Daliegens. Ich verrenke mich so, dass auch ich gute Sicht darauf habe, und merke meine Angst vor dem, was mich erwartet.

Es ist der Zeigefinger. Das Blut kommt nicht aus einer klaffenden Wunde, sondern rinnt aus der Fingerkuppe, die nicht mehr rund, sondern ganz am oberen Ende abgeflacht ist. »Tut's weh?« Er nickt. Ich stütze seinen Arm im Ellbogen, damit er die Hand hochhalten kann. Alex kommt mit einem Küchentuch, platziert es als Unterlage und wir zwei sitzen eine kleine Weile schweigend bei dem Verletzten am Boden. Es ist keine bedrohliche Stille. Sie hat eher die Qualität von Aushaltenkönnen, dass es ist, wie es ist. Äußerlich hoffentlich ruhiger, als ich mich fühle, sage ich: »Wenn du aufstehen kannst, bringen wir dich in die Stube.« Thomas rappelt sich hoch und läuft zögernden Schrittes, aber auf eigenen Beinen mit erhobener Hand in den Nachbarraum und lässt sich auf die Matratze fallen. In ein Glas Wasser träufele ich zwei weitere Notfalltropfen und reiche es ihm. Neben ihm sitzend suche ich in meinem Hirn nach Handlungsstrategien für Wunden, die keine Schnitt- oder Platzwunden sind. Muss er zum Arzt? Wozu? Zum Nähen! Was gibt es da zu nähen? »Alex, wir suchen die Fingerkuppe.« Obwohl wir zwei besten Willens sind, finden wir sie weder auf dem Hackklotz noch auf oder unter dem Holz. Dieses winzige Etwas würden wir selbst auf einem Parkettboden vergeblich suchen. Es war ja nur eine Idee, sie zu finden und annähen zu lassen. Nach genauem Betrachten des betroffenen Fingers und reiflicher Überlegung meine ich, dass es hier nichts zu nähen gibt. Alex stimmt mir zu. Thomas schließt sich mit einem Kopfnicken der Mehrheit an. Er will etwas schlafen. »Unterdessen hole ich Medizin aus dem Wald.« Alex schaut mich an, als habe er sich verhört. »Und du bleibst bei ihm!«

Um die Jungs nicht länger als notwendig allein zu lassen, renne ich den Berg runter, lasse die Weide hinter mir und stehe im Wald. Eigentlich bevorzugt der Sanikel Laubwälder. Hier ist zwar reiner Nadelwald, aber ich weiß genau, wo er steht. Meiner langjährigen

Beobachtung nach sind es auf dem Tannennadelteppich die einzigen blühenden Pflanzen. Im Juni saßen auf etwa zwanzig Zentimeter hohen, kahlen Stängeln, die sich nach oben hin verzweigten, an jeder Spitze wie an einer Dolde weiße, fast kugelige, luftige Blüten. Von ihnen ist jetzt nichts mehr zu sehen. Ich bücke mich und pflücke einige der Blätter, die auf langen Stielen direkt aus der Wurzel wachsen. Ihr tiefes Grün passt zu den Nadeln der Fichten. Und ihre fünf Lappen erinnern an die Finger einer Hand. Manche Blätter sind gesprenkelt mit dunkelbraunen, unregelmäßigen Flecken, wie Sommersprossen. Ich finde, sie fühlen sich sehr besonders an. Ganz glatt ist ihre Oberfläche, so glatt und poliert, dass sie ausschaut, als sei sie fettig. Im Pflanzennamen, Sanikel, steckt das lateinische Wort für heilen: *sanare*. Hoffentlich halten die Blätter, was ihr Name verspricht, und helfen, Thomas' Finger gut zu heilen.

Als ich zurückkomme, ist Thomas wach und fühlt sich am ganzen Körper, als hätte er heute schon viele Bäume gefällt.

Ich zerdrücke ein frisches Blatt leicht zwischen meinen Fingern und gebe es Thomas, damit er es sich selber so vorsichtig wie möglich auf die Wunde legt. In seine gesunde Hand gebe ich ihm auch fünf Kügelchen Arnika aus meiner homöopathischen Apotheke. Die soll er unter der Zunge zergehen lassen. Arnika ist mein universelles Wundheilmittel, das von innen heraus wirkt.

Der Tag verläuft ruhig. Die Jungs liegen im Heu und lesen uralte *Lucky-Luke*-Comics. Die zerfledderten Hefte gehören zu meinem Vorrat für Regentage, wenn es jugendlichen Besuchern langweilig wird. Von Zeit zu Zeit bringe ich Thomas ein neues Sanikelblatt. Er hält mir jedes Mal bereitwillig seinen Finger entgegen, damit ich es austausche gegen das alte. Ich glaube, er merkt, wie das Grün auf seiner Wunde ihm guttut.

Am nächsten Morgen schaut der Finger nicht auffallend anders aus, aber Thomas hat Lust auf Frühstück und sprudelt vor Ideen, was man mit einem Baumstamm machen kann. Für den Rest der Woche bleiben wir bei der Behandlung mit zwei Sanikelauflagen am Tag, auch als der Junge meint, es gehe schon viel besser.

Wie ich auf Sanikel komme? Das weiß ich von Güstu. In einem Sommer kam mich ein Mann besuchen, den ich zunächst nicht kannte, bis er anfing sich zu erklären. Ich hatte schon von ihm und von seiner besonderen Familie gehört. Mit seinen Eltern und vierzehn Geschwistern hatte er als Kind Sommer für Sommer auf einer Alp in dieser Gegend verbracht. Die Familie lebte einige Jahre sogar im Winter auf der Hütte weitab vom Dorf. Er erzählte mir von dem Leben damals, dass sie in mit Stroh ausgelegten Kisten geschlafen hätten, die abends unter den eigentlichen Betten hervorgezogen wurden. Sie hätten den ganzen Sommer über keine Schuhe getragen und sogar barfuß gemistet. Ich lauschte seinen interessanten und manchmal unglaublichen Geschichten mit großen Ohren. Eine davon war, dass sein Bruder beim Grasmähen mit der Sense seiner Schwester eine tiefe Wunde ins Bein gehauen hatte. Ihre Mutter, die alle Krankheiten und Verletzungen mit Kräutern behandelte, habe immer wieder Sanikelblätter auf die Wunde gelegt. Es habe seine Zeit gebraucht, aber Sanikel sei das Kraut seiner Kindheit gewesen, das alle Wunden heilte.

Das muss ein fantastisches Kraut sein, ein Zauberkraut, dachte ich. Vom Sehen her kannte ich die Pflanze im Wald und wusste aus meinem Blumenbestimmungsbuch auch ihren Namen. Nach dem Besuch von Güstu las ich im Heilpflanzenführer, dass Sanikel im Mittelalter ein Wundheilmittel ersten Ranges war. Vor 500 Jahren lobte Hieronymus Bock, der sorgsame Studien in Botanik, Medizin und Pharmazie betrieb, die Heilkraft des Sanikels so sehr, dass man das Kraut in vielen Gärten anpflanzte, um es stets zur Hand zu haben.

Bisher habe ich nur bei mir selber und auch nur bei harmlosen Verletzungen mit Sanikelblättern gearbeitet. Und noch sind alle meine Wunden geheilt. Die Pflege von Thomas' Fingerkuppe ist mein erstes Experiment an einem Gegenüber.

Es scheint geglückt. Denn als wir drei am letzten Ferientag der beiden losziehen, um den noch stehenden Baumstumpf umzuhacken, schützt Thomas seinen verletzten Finger nicht mal mehr mit einem Pflaster. Aber zur Vorsicht behält er die ganze Hand in der Hosentasche und schwingt das Beil nur mit der Rechten. In ein paar Wochen wird er seinen Finger wieder ganz selbstverständlich gebrauchen können.

Frauenmantel – mein Morgengenuss

Zur Gewohnheit ist es mir geworden. Das macht es leicht – ohne abzuwägen, ob ich soll, will, Lust habe oder nicht –, morgens nach dem Aufstehen als Erstes in den Keller zu gehen und aus der Flasche mit dem kalt gepressten Sonnenblumenöl einen Schluck in den Mund zu nehmen.

Vor Jahren las ich von einem ukrainischen Arzt, der auf einer Fachtagung von der Öltherapie sprach. Mithilfe von Sonnenblumenöl solle der Körper über die Mundschleimhaut innerlich gereinigt werden. Es war nicht die Liste der damit zu heilenden Krankheiten, die mich weiterlesen ließ. Vielmehr beeindruckte mich die schlichte Art der Anwendung: »Pflanzenöl – am besten Sonnenblumenöl – maximal ein Esslöffel – minimal ein Teelöffel. Das Öl wird ohne Hast und Mühe im Mund hin und her bewegt, durch die Zähne gezogen, fünfzehn bis zwanzig Minuten.«

Ich heftete das Blatt in meinem Ordner »Gesundheit« ab. Im Lauf der Zeit sammelten sich dort allerlei Anleitungen und Tipps an, die mir interessant erschienen. Das ein oder andere setzte ich in die Tat um, doch ich blieb nicht lange dabei. Entweder es machte mir auf Dauer keinen Spaß, war mir zu aufwändig oder meine Lustlosigkeit überstieg den Gewinn.

Mit dem Ölziehen gleich nach dem Aufstehen ist das anders. Seit ich damit begonnen habe, lasse ich nur die Tage aus, in denen ich auf Reisen bin. Vielleicht bleibe ich auch dabei, weil es fast nahtlos in mein Morgenritual passt. Während ich Zeitung und Späne in das Feuerloch stapele, Holz von draußen hole und das Feuer im Herd entfache, leite ich das Öl in die aufgeplusterten Wangen, umspüle mein Zahnfleisch, spiele damit vom Rachen bis zu den Lippen.

Ich finde, es schmeckt überhaupt nicht ekelig und fühlt sich auch nicht so an. Das Öl, zuerst dickflüssig, wird immer geschmeidiger, verliert seine Farbe, wird weiß wie Milch und soll nicht geschluckt werden, weil es, ich zitiere, »giftig« ist.

Das einzig Unangenehme beim Ölziehen ist, wenn jemand hört, welche Geräusche ich dabei mache. Mich erinnern sie an früher, wenn es sonntags Limonade zum Mittagessen gab, worauf ich mich die ganze Woche freute. Ich hatte mir angewöhnt, das gelbe, prickelnde, süße Getränk durch die Zähne zu ziehen, bevor ich es schluckte. Für die Erwachsenen hörte es sich wohl sehr unappetitlich an und ich versprach, es zu lassen. Aber wie das mit einer Gewohnheit ist, zack – schon war das Geräusch wieder da. Wenn sie gewusst hätten, wie schlimm es für mich war, vom Tisch weggeschickt zu werden, hätten sie es bestimmt nicht getan.

Das wolkenlose, pastellfarbene Blau des Himmels verwässert gen Osten mehr und mehr und geht am Horizont in ein helles Rosa über. Mein Gemurmel mit dem Öl im Mund, das »Komm mit, Lasa« heißen soll, versteht der Hund sofort und ist schon auf dem Weg, während ich noch dabei bin, meine Socken abzustreifen. Die ersten Schritte im tau-überzogenen Gras und die frische Luft des jungen Morgens in der Lunge bewirken in meinem Körper das Gefühl, als würde ich zum zweiten Mal für heute wach. Vor meinem inneren Auge stelle ich mir vor, dass der Morgentau an meinen Füßen wie ein Zugpflaster wirkt, das alle schlechten Stoffe nach unten zieht und dort ausleitet. Ein bisschen spüre ich es auch! Die Idee habe ich von Pfarrer Kneipp übernommen, der vor rund 150 Jahren seine Tuberkulose heilte, indem er mehrfach für einige Augenblicke in der eiskalten Donau badete.

Heute sind die kalten Wasseranwendungen nach Pfarrer Kneipp europaweit bekannt. Trotz seines Erfolges war der »Wasserdoktor« sich der Grenzen der Wassertherapie bewusst. Er hatte nämlich viele Menschen gesehen, bei denen auch nach langer Wasserkur keine Linderung eintrat. Bei ihnen fand er heraus, dass sich die körperlichen

Leiden erst besserten, nachdem »Ordnung in den Zustand ihrer Seele« gekommen war.

Zwei bis drei Minuten können lang sein. Um dem bodenfernen Fuß längere Pausen vor dem nächsten kalten Nass zu gönnen, verlangsame ich meinen Schritt und ziehe dabei das Knie hoch bis zum Kinn. Eine leider einseitige und kurzzeitige Erholung. Als auf dem Rückweg meine Füße kalt zum Abfallen sind, renne ich das letzte Stück zur Hütte. Ohne sie abzutrocknen, ziehe ich frische Strümpfe an und schlüpfe in die Schuhe. Zum Warmwerden fuchtele ich auf dem Weg zum Brunnen mit den Armen, schwinge meine Hüften und werfe die Beine nach vorn. Jetzt könnte die Zeit um sein und es reicht mit dem Ölziehen. Ich spucke die wässrig gewordene Flüssigkeit aus, säubere mit einem glatten Holzspan meine Zunge, spüle den Mund mit dem kalten Quellwasser mehrmals aus und putze mir die Zähne. Nach meiner innerlichen Reinigung von oben und unten fühle ich mich gut gerüstet für den Tag.

Zurück zur Hütte laufe ich einen Umweg, um auf der Heumatte zu der Stelle zu kommen, an der Frauenmantel wächst wie gesät. Von den winzigen grüngelben Blüten her käme ich nicht auf die Idee, dass es sich um Rosengewächse handelt. Aber die Blätter auf ihren langen Stielen haben etwas auffallend Edles, wie an jedem Morgen. Sie bestehen aus mehreren in der Mitte einmal gefalteten Lappen, mit einem Rand, der ausschaut wie die Mausezähnchen, die ich in der Handarbeitsstunde um ein Stofftaschentuch häkelte. Auf jedem Zähnchen sitzt ein Wassertropfen. Im Morgenlicht könnten es kleine Kristallperlen sein, die dicht an dicht zu einer Kette aufgereiht sind. Wie die Tropfen das hinkriegen, auf der Spitze eines Zähnchens zu balancieren? Lange dachte ich, es seien Tautropfen, vom Schicksal bevorzugt, weil sie von ihren auserwählten Plätzen aus den Morgen begrüßen dürfen. Als ich las, dass der Frauenmantel morgens an seinen Blatträndern Wassertropfen ausscheidet, war ich begeistert.

Dann sind die Perlen also Wasser, das über Wurzeln, Stiele und Blätter der Pflanze bis zu den Zähnchen wandert. Frauenmantelwasser! Dann könnte ich, wenn ich das Wasser trinken würde, die Kräfte des Frauenmantels zu mir nehmen!

Soweit ich weiß, hat Dr. Bach aus England sich vor achtzig Jahren auf diesem Wege die Kräfte von Pflanzen erschlossen. Er ging morgens in die Natur, ließ sich von seiner außergewöhnlichen Sensibilität zu Blumen und Bäumen führen, trank den Tau aus deren Blüten und spürte, was dann in ihm vorging. Auf langen Wanderungen fand er Pflanzen, die sich etwa auf Ungeduld, Ängstlichkeit oder Verzweiflung positiv auswirkten. Für ihn waren diese unausgeglichenen Gemütszustände die wahren Ursachen von Krankheit. Und nach ihm sind die Bachblüten benannt, achtunddreißig Pflanzen, die helfen, die Seele zu heilen.

Die Gesundheit in Zusammenhang zu sehen mit dem Seelenzustand, das verbindet Pfarrer Kneipp mit Dr. Bach. Auch wenn jeder seine eigene Art hatte, den Menschen zu helfen, gesund und heil zu werden.

Für meinen Körper habe ich heute bereits durch Tautreten gesorgt. Jetzt trinke ich noch Frauenmantelwasser für meine Seele. Ich bücke mich und kneife zwischen Daumen- und Zeigefingernagel ein Frauenmantelblatt ab. Bei aller Vorsicht fallen die Tröpfchen aus ihrem fragilen Gleichgewicht in die falsche Richtung und das Blatt in meiner Hand ist leer. Sie hätten auch in entgegengesetzte Richtung fallen und sich an der tiefsten Stelle des Blattes sammeln können. Dass die Tropfen, wenn sie größer werden, diesen Weg von allein gehen, sehe ich an den Blättern, die ausschauen, als hielten sie schalengleich am Blattgrund eine dicke Perle aus Kristall. Auf Knien schlürfe ich das Frauenmantelwasser direkt von den Zähnchen eines Blattes. Und aus einem anderen ziehe ich mit spitzen Lippen einen großen Tropfen hinterher.

Da der Frauenmantel nicht zu den Bachblüten gehört und ich damit keinen Anhaltspunkt habe, wobei das Pflanzenwasser mir helfen könnte, habe ich selber immer wieder versucht rauszubekommen, was es bei mir bewirkt.

Meine Ahnung geht in folgende Richtung: Das Frauenmantelwasser hilft mir, mich selber zu achten, mich selber zu respektieren, freundlich mit mir selber zu bleiben, wenn ich lieblos, zornig, neidisch oder nachtragend bin. Kurz: mich gern zu haben, auch wenn ich mich blöd finde. Weil daran zu arbeiten für mich ein Projekt fürs Leben ist, verfahre ich im Sommer für etwa drei, vier Wochen kurmäßig mit den Tropfen. Jeden Morgen schlürfe ich Frauenmantelwasser. Wenn mir mittags einfällt, dass ich es vergessen habe, hat die Sonne die Tropfen aufgeleckt und ich muss warten bis zum nächsten Morgen.

In der Naturheilkunde ist der Frauenmantel in erster Linie ein Mantel für die Frau – ein Kraut, ein Mittel gegen die Leiden der Frau. Tut den Männern weniger weh? Vielleicht nicht grundsätzlich. Doch der Körper der Frau hat von Natur aus anderes zu bestehen als der des Mannes. Teemischungen mit Frauenmantel werden empfohlen bei schmerzhafter Periode, auch in und nach der Schwangerschaft, zur Förderung der Milchbildung, bei Unterleibsentzündungen, bei Wechseljahrbeschwerden und bei Leiden, die damit in Zusammenhang stehen. Die Gerb- und Bitterstoffe wirken nämlich stärkend und heilend auf die Beckenorgane der Frau und ausgleichend auf den ganzen weiblichen Organismus.

Außer beim Tee ist die Wirkung des Frauenmantels nur am Rande beschrieben. So ist es fast ein bisschen schade, dass ich keine leidenschaftliche Teetrinkerin bin. Mein Standardgetränk ist Wasser, am liebsten warm.

Ich könnte den Frauenmantel auch nutzen, indem ich die gebrühten Blätter oder gleich die frisch zerdrückten Blätter auflege – auf den Busen, zur Straffung! Dieser Tipp hütet schon lange meinen Ordner.

Gewöhnlicher Frauenmantel
Alchemilla vulgaris
Seite 125

Wegerich – der goldfädige Retter

Seit Tagen plagt mich eine innere Leere. Schon beim Aufwachen morgens überfällt sie mich und erst abends mit dem Einschlafen fällt sie von mir ab. Dieses Leeregefühl schleicht sich auf Katzenpfoten an, kriecht an den Beinen, dem Rücken hoch bis zum Scheitel und durchdringt mich dabei sachte und unaufhaltsam. Bei genauem Hinfühlen stimmt das nicht. Denn beim Anbinden der Rinder, wenn ich ihre massigen Leiber spüre, oder wenn beim Holzhacken unter meiner Kraft knorrige Aststücke nachgeben, dann fühle ich mich sehr gut. Aber sobald ich aufhöre zu arbeiten, zeigt es sich wieder. Nun, wenn ich wollte, gäbe es allerlei zu tun. Mein Reisig zum Anheizen geht zu Ende. Das zu sammeln wäre eine leichte Arbeit. Wassergräben freizuschaufeln, die von Rinderhufen zugetreten sind, wäre eine sehr schwere Arbeit.

Doch heute mache ich nichts dergleichen. Heute mache ich frei! Zwischen der Stallarbeit morgens und abends habe ich mir etwas Besonderes vorgenommen. Einmal im Sommer liebe ich es, das Nachbartal zu durchwandern, das bis auf eine Höhe von 1600 Metern mal steil, mal bequem ansteigt. Oben, bevor der steinige Aufstieg auf einen 2000-Meter-Gipfel beginnt, liegt eine Alp, die von meinem Hirtenkollegen Fönsu – für Alfons – den Sommer über bewirtschaftet wird. Seine Hündin hatte vor vier Jahren einen Wurf mit fünf Welpen. Einer davon war Lasa, mein Hund, mein Begleiter auf Schritt und Tritt. Die Wanderung, verbunden mit einem Besuch, das wird ein guter Tag. Auch wenn wir uns zum Verweilen nicht viel Zeit nehmen können, da es doch eine rechte Strecke ist. Vielleicht treffen wir auch niemanden an, so wie letztes Jahr. Vorsichtshalber stecke ich Regenhose und -jacke zum Picknick in den Rucksack. Der Wetterbericht hat zwar erst gegen Abend Regenschauer in den westlichen Voralpen gemeldet, aber sicher wissen auch die im Radio es erst hinterher.

Wunderschön ist die Pflanzenwelt hier, ganz anders als bei mir drüben. Das kommt vom Kalkgestein, auf dem Blumen wachsen, die ich teilweise gar nicht kenne. Und massenweise wilder Majoran. Von dem nehme ich mir auf dem Rückweg eine Pflanze samt Wurzel mit für den Garten. Ich habe dort zwar welchen, aber nach dem Umpflanzen ist er immer weniger geworden. Lasa neben mir hat unbändige Freude, läuft vor, rennt zurück, springt nach einer niedrig fliegenden Dohle und rotiert unaufhörlich mit dem Schwanz. Er legt sich platt auf den Bauch, alle Beine von sich gestreckt, und rutscht bergab, wird schneller, bis er sich fast überschlägt. Ob er sich an seine alte Heimat, seine Mutter erinnert und weiß, wo wir hingehen? Gesagt habe ich es ihm. Damals, auf dem Weg in entgegengesetzte Richtung, Lasas erstem langen Fußmarsch, hatte ich viel Spaß. Sein schwarzes Fell, unterbrochen von der braun-weiß gemusterten Brust, damit sah der Kleine von vorn aus, als hätte er einen selbst gestrickten Norwegerpullover an. Wenn er nicht mehr konnte, warf er sich ins Gras und machte die Augen zu. Nur kurz, dann war er wieder fit und tappte auf seinen übergroßen Pfoten weiter. Wenn ich schneller vorwärtskommen wollte, setzte ich ihn in eine Papiertasche, aus der nur sein Kopf rausschaute, und trug ihn ein Stück.

Unter schwer werdendem Himmel kommen wir zwei heute, jeder auf seinen eigenen Beinen, gut voran. Ich genieße es, unterwegs zu sein, zu laufen, zu schauen, zu staunen. Daran ändern auch die ersten Regentropfen nichts. Bis zu Fönsu würde ich es schon gerne schaffen, denke ich und lege einen Zahn zu. Statt der großen Schleife des Wanderweges zu folgen, gehe ich über die Weide geradeaus nach oben. Auch als der Regen stärker wird, ändere ich mein Vorhaben nicht. Wenn wir den leer stehenden Stall mit der betonierten Plattform davor erreicht haben ist es nicht mehr weit. Lasa schüttelt sich und von seinem nassen Fell fliegen Regentropfen in weitem Bogen wie von einem Regenschirm, bevor er zum Trocknen aufgespannt wird.

Er schaut mich an und in seinen Hundeaugen steht die Frage: »Willst du wirklich weiter?« – »Ja«, sage ich mit fester Stimme, während ich mir die tief ins Gesicht gerutschte Kapuze zurückschiebe, um besser sehen zu können.

Da sind wir schon, denke ich freudig, während ich mein rechtes Bein hochziehe, den Fuß auf dem zirka achtzig Zentimeter hohen Mäuerchen aufsetze und mit Schwung meinen Körper auf gleiche Höhe hole. So elegant ich es mir ausgedacht habe, so jäh werde ich im Sprung von einer Kraft zurückgeworfen, die an meiner Stirn ansetzt. Ich strauchle, verliere das Gleichgewicht und falle rückwärts zu Boden. Meine Stirn! Mein Nacken! Es fühlt sich an, als trüge ich eine Dornenkrone zwischen Augen und Haaransatz. Warme Rinnsale fangen sich in meinen Augenbrauen. Das ist kein Regen! Vorsichtig tasten meine Finger und zeigen meinen Augen: Blut. Tränen, Weinen, Schluchzen. Es ist nicht allein der körperliche Schmerz, es ist auch die Unzufriedenheit der letzten Tage, die ich hinausweine. Jetzt habe ich endlich einen triftigen Grund dazu. Ach, könnte die Welt meine Wunde sehen und mich bedauern. Mit jeder geplatzten Rotzblase wird es mir leichter ums Herz. Ein Blick nach vorn zeigt mir, dieses Mal unübersehbar, den Stacheldraht, gegen den ich gesprungen bin. Zwischen zwei Eckpfeilern spannt er sich über das Mäuerchen. Letztes Jahr war der noch nicht da.

Hoffentlich ist die Wunde nicht so tief. Hoffentlich komme ich heil nach Hause. Hätte ich doch einen Spiegel dabei. Ach, könnte der Hund doch reden. Wegerich. Ich muss Spitzwegerich finden. Die Goldfäden des Spitzwegerichs! In Stallnähe ist die Erde zertrampelt von den Rindern, hier wachsen zwischen Steinen und Erdschollen nur die am Boden aufliegenden Blattrosetten des Breitwegerichs. Von ihm haben die Wegericharten ihren Namen. Er liebt als Standort Wegränder und Wege, fast so als hätte er es gerne, wenn ihm auf dem Kopf rumgetrampelt wird.

Ein ganzes Meer Breitwegerich wächst auf der Weide, die ich durchquere, sooft ich vom Parkplatz aus den Weg zur Alp rauflaufe. Es ist ein Stück Wiese, auf dem in einem Winter die Grasnarbe platt gewalzt und teilweise sogar weggerissen wurde durch das Schleppen von Stämmen nach dem Holzschlag. Im darauffolgenden Frühjahr war dicht an dicht Breitwegerich darübergewachsen.

Und wie eine Breitwegerichschule mutet der Parkplatz vom Tierarzt an. Eine riesige Fläche, mit Verbundsteinen gepflastert, ergibt ein sich wiederholendes, schlichtes Lochmuster. In jedem Freiraum, aus jedem Loch, sprießt ein Breitwegerich. Schön, aber fast nicht zu glauben, dass die zähen Geschöpfe, die sich täglich überfahren lassen, nicht daran zugrunde gehen.

Euch suche ich nicht. Vielmehr eure Verwandten mit den länglichen Blättern, die gen Himmel streben. Den finde ich weiter weg vom Stall auf der Weide. Ich bücke mich vorsichtig. Obwohl ich kein frisches Blut mehr spüre, fühlt sich beim Vorbeugen meines Kopfes die Stirn an, als platze sie. Zwischen meinen Fingern zerreibe ich ein paar Blätter des Spitzwegerichs. Die langen Blattnerven sind geschmeidige, stabile Fäden. Das Grün dazwischen ist nicht mehr so saftig wie im Mai. Doch gemischt mit den Regentropfen wird es mir als Wundpflaster dienen. Ein wenig geschützt vor dem Nass von oben setze ich mich an die Ostseite des Stalles, den Rücken an die Steinwand gelehnt. Den Kopf im Nacken, platziere ich das Grün, ganz vorsichtig, am liebsten schwebend, auf meiner Stirn. Reglos sitze ich, stelle mir die Goldfäden vor, von denen Pfarrer Kneipp sinngemäß sagte, sie nähen den klaffenden Riss zu. Und wie Gold keinen Rost ansetzt, so entzünden sich und eitern diese Wunden nicht. Möge das auch bei mir gelingen. Obwohl mir die Kälte zu Leibe rückt, bleibe ich noch eine Weile sitzen, damit das Grün wirken kann. Als aber die Feuchtigkeit dazukommt, mache ich mich auf den Weg. Nach Hause, wohin sonst.

Der Rückweg scheint mir lang, unendlich lang. Durchnässt bis auf die Knochen, kalt bis ins Mark, interessiert mich beim Ankommen nur der Blick in den Spiegel. Das Blut im Gesicht ist vom Regen abgewaschen. Mit Fingern, aufgeweicht wie die einer Waschfrau, nehme ich mir Haarsträhnen aus der Stirn. Die von der Nasenwurzel senkrecht nach oben verlaufende Wunde ist braun verklebt. Rechts und links davon sitzt Blutkruste auf den Einstichen der Drahtenden. Ein bisschen sieht es aus wie eine Naht, der die Fäden bereits gezogen wurden. Überhaupt nicht bedrohlich. Den Entschluss, keine weitere Hilfe zu brauchen, bestätigt mein Körper mit einem tiefen Seufzer, bei dem mir ein Stein vom Herzen fällt. Nur noch ins Bett, warm werden und die Augen zu machen.

Als ich wach werde, ist mir schlecht. Ich habe Kopfschmerzen. Mein Nacken fühlt sich an, als hätte er Muskelkater. Ich höre mich jammern. Es hilft nichts, die Rinder müssen raus, die Ziegen rein und Franz ist für eine Woche im Jura. So mache ich nur das Allernötigste. Zum ersten Mal in meinen Alpsommern verschiebe ich das Misten auf den ganz frühen Morgen, bevor die Rinder in den Stall kommen.

Als der Morgen die Nacht ablöst, geht es mir besser, viel besser. Dem Himmel sei Dank. Dem Wegerich, in diesem Fall dem Spitzwegerich, auch. Manche Autoren meinen, der Breitwegerich sei heilkräftiger. Andere erwähnen einzig den Spitzwegerich. Und wieder andere schreiben nur von Wegerich, von dem es in unserem Klima mehrere Sorten gibt. Ich unterscheide allein zwischen Breit- und Spitzwegerich. Fühle mich aber im Geschmack und in der äußeren Anwendung dem Spitzwegerich mehr verbunden.

Schon beim ersten Lesen hatte ich vom Wegerich behalten, dass er bei allem hilft, was dem Menschen am Wege zustößt. Bis zu jener Wanderung mit dem unglücklichen Ausgang dachte ich – was soll uns schon passieren auf unseren Sonntagsspaziergängen, außer von einer Mücke gestochen zu werden. Das war bestimmt ein Tipp aus früheren Zeiten, als die Menschen noch unglaublich lange Strecken zu Fuß zurücklegten. Von Stoffels-Opa, einem Nachbarn aus Kindertagen, wird berichtet, dass er sonntags sechzig Kilometer zur Arbeit ging und den gleichen Weg samstags zurück, weil er im Saargebiet als Maurer arbeitete. Das ist achtzig Jahre her. Für Blasen an den Füßen konnte er sich ein passendes Breitwegerichblatt suchen, es auflegen, den Strumpf darüberziehen und weiterlaufen. Und seine müden Beine hat er vielleicht mit einem Breitwegerichblatt erfrischt, das er sich in den Schuh legte. Seine ungezählten Bienen- und Wespenstiche hat er sicher mit dem Pflanzensaft gepflegt. Und dass er auf Schürf- oder Schnittwunden zerriebene Blätter mit seinem Stofftaschentuch band und weitermarschierte, auch das kann ich mir gut vorstellen. Ja, für ihn war der Wegerich bestimmt Gold wert.

Als Dank für die gestrige Hilfe erkläre ich den heutigen Tag zum »Tag des Wegerichs«. Bereits zum Frühstück esse ich davon. Zu den Hirseflocken für die Gelenke und den Sojaflocken für den Hormonhaushalt gebe ich einen Teelöffel Flohsamen für einen gesunden Darm. Flohsamen sind nämlich Wegerichsamen, die aussehen wie Leinsamen, aber klein sind wie ein Floh. Gottfried Hertzka, der sich für die Medizin der Hildegard von Bingen stark gemacht hat, schreibt in dem Buch *Große Hildegard-Apotheke*, dass der Samen sowohl Quellmittel ist, als auch Schleimstoffe enthält, die Gifte und Schlacken aus dem Darm aufnehmen und mit ausscheiden. Zum Mittagessen suche ich Spitzwegerich, um ihn als Gewürz unter den Salat zu mischen. Auf der Heumatte, meiner Kräuterweide, springt er mir ins Auge, weil die Kräuter nach dem Heuen schneller nachgewachsen sind als das Gras. Ich pflücke ein paar Blätter und hole auch eines von der üppigsten Pflanze, die ich je gesehen habe. Das Exemplar wächst in der Nähe des Misthaufens mit Blättern in Form und Größe einer Schwertlilie. Allerdings viel eleganter. Um dem Riesenblatt seinen herben Geschmack zu nehmen, schneide ich es ganz fein. Und von dem noch ledrigeren Breitwegerich auf dem Weg zum Brunnen hole ich auch ein Blatt, groß wie eine Kinderfußsohle. Diese Form verhalf den Wegerichen zu ihrem lateinischen Namen *Plantago*. Denn *planta* heißt Fußsohle. Die Indianer nennen die Pflanze »Fußstapfen des weißen Mannes«. Der leicht schleimige Samen der Pflanze kam mit der Erde an den Schuhen der Einwanderer, den Pferdehufen und Wagenrädern aus Europa nach Amerika. Die so verbreiteten und aus den Samen gewachsenen Pflanzen ließen die weißhäutigen Menschen wie Fußstapfen hinter sich.

Beim Heuverteilen im Ziegenstall fallen mir die langen schmalen, getrockneten Blätter des Spitzwegerichs auf. In Gedanken wünsche ich, dass alle Qualitäten der Pflanzen – entzündungshemmend, desinfizierend, die Wundheilung beschleunigend und hustenlindernd – den Tieren helfen mögen, den Sommer gesund zu überstehen. Der Spitzwegerich ist auch eine alte Lungenheilpflanze. Da die Ziegen sich bei nassem Wetter leicht Erkrankungen der Luftwege holen, dachte ich mal daran, Hustensirup aus Spitzwegerichblättern als Ziegenmedizin zu verwenden. Ich verwarf die Idee aber, nachdem mein erster Versuch zur Herstellung des Hustensirups doppelt missglückt war.

Nach Anleitung füllte ich eine Schicht Spitzwegerichblätter, dick wie mein Zeigefinger, in ein Glas, gab eine Schicht Rohrzucker darauf, eine Schicht Blätter, eine Schicht Zucker, bis das Glas voll war, als oberste Schicht Zucker. »Anschließend wird das Glas verschlossen« setzte ich um, indem ich den Schraubdeckel zudrehte. Da ich genug Material hatte, verfuhr ich ebenso mit einem zweiten Glas.

Der Name »Erdkammersirup« für den Hustensaft kommt von dem Aufbewahrungsort. Das Glas soll nämlich drei Monate lang fünfzig Zentimeter tief in der Erde eingegraben ruhen. Daran hielt ich mich. Ein Stöckchen diente mir zur oberirdischen Markierung des Ortes. Nach genau zwölf Wochen ging ich mit dem Gabelspaten auf die Suche. Den ersten Fund barg ich als Glasscherben, das war meine Dusseligkeit. Das zweite Glas blieb heil. Als ich aber den Deckel löste, kam mir ein süßsauer stinkender Geruch von einer schleimigen Masse entgegen. Das konnte unmöglich der richtige Sirup sein. Ich begab mich auf Spurensuche in der Literatur: In anderen Rezepten fand ich den Hinweis, dass der Saft durch Gärung heranreife und deshalb das Glas nicht fest verschraubt werden dürfe. Im Jahr darauf legte ich drei Lagen Butterbrotpapier auf das volle Glas und schraubte den Deckel nur leicht an. Die Stöckchenmarkierung setzte ich dieses Mal zentraler. Der Erfolg war auf meiner Seite.

Ob Fönsu sich wohl über ein Gläschen Sirup aus meinem Vorrat freut? Vielleicht würde es seinem Raucherhusten guttun. Ich mache mich diesen Sommer bestimmt noch mal auf den Weg zu ihm.

Pfifferlinge mit Spitzwegerich

Für 1 Portion
100 g Pfifferlinge
3 Spitzwegerichblätter
1 EL Butterschmalz
1 kleine Zwiebel, geschält
Salz
Pfeffer nach Geschmack
1 Stich Butter

Am meisten Spaß bei diesem Rezept macht mir das Suchen und Sammeln der Pfifferlinge. Wenn ich fündig geworden bin, putze ich die Pilze nur. Ich wasche sie nicht. Da zur Hochzeit der Pfifferlinge selbst der nachgewachsene Spitzwegerich schon im fortgeschrittenen Alter ist, schneide ich ihn sehr fein, damit er sich gut kauen lässt.

»Pilze gehören in Butter gebraten«, behauptet meine Freundin Ilse, eine leidenschaftliche Pilzsammlerin. Ich nehme dazu lieber Butterschmalz, weil das stärker erhitzt werden kann und trotzdem lecker nach Butter schmeckt. Also in dem heißen Fett zunächst die klein gehackte Zwiebel rösten. Die Pfifferlinge zugeben und unter Hin- und Herschwenken etwa 5 Minuten schmoren. Zwischendurch ein wenig Salz, noch weniger Pfeffer und den Spitzwegerich darüberstreuen. Das fertige Gericht verfeinere ich mit einem Stich Butter.

Echte Kamille
Matricaria recutita
Seite 159

Kümmel – eine Wohltat, nicht nur für Verliebte

»Nein, wie siehst du denn schon wieder aus – beschmiert bis hinter die Ohren.« – »Äh-äh-äh.« Und das ist bereits das zweite Mal. Erst letzte Woche hatte sich eine der Ziegen in der Nacht losgerissen und so hoch gereckt, dass sie tatsächlich an den Eimer mit den Getreideflocken kam. Den riss sie vom Nagel und … Wie es genau war, weiß ich gar nicht. Jedenfalls fand ich am Morgen, als ich zum Melken in den Stall kam, nur noch einzelne Flocken in den Ritzen der Bodenbretter. Sie hatten richtig zugelangt, sich die Bäuche vollgeschlagen mit Kraftfutter, von dem jede abends nur eine Hand voll vorm Schlafengehen bekommt. Darauf sind sie so wild, dass, sobald ich den Melkeimer unter der letzten Ziege hervornehme, alle gleichzeitig, wie einstudiert, den Kopf heben und den Flockeneimer fixieren. So ist es unmöglich, ihr Abendleckerli zu vergessen.

Dem Ziegenbesitzer ist mal ein Geißbock gestorben, nachdem er sich an einem Sack Kartoffelflocken gütlich getan hatte. Damit waren seine Körperfunktionen so überfordert, dass er morgens tot im Stall lag. Meinen Ziegen hat das nächtliche Übermaß gottlob nicht geschadet. Einzig die weiße Geiß bekam kräftigen Durchfall. Sie saute sich so ein, dass ich sie erst gar nicht anpacken wollte, ohne dass sie ein Bad im Wassertrog genommen hätte. Wovon sie jetzt Durchfall hat, kann ich nur vermuten. Wenn die Pilze wachsen, erwischen die Tiere wohl manchmal einen, der diese Wirkung hat.

Am nächsten Morgen die gleiche Bescherung. Zu dumm, dass es gerade die Weiße erwischt hat. Bei einer braunen Ziege fiele es deutlich weniger auf. Wenn es wirklich vom Essen kommt, sollte ich ihr eine Mixtur nach dem Rezept von Cornelia zubereiten, einer ziegenerfahrenen Freundin. Dazu schneide ich zunächst ein paar Tannenäste am Waldrand. Dann hole ich ein Stück verkohltes Holz von gestern Abend aus dem Herd und zerstoße es mit der Stirnseite eines Holzscheites.

Nach dem Einheizen koche ich einen nicht zu schwachen Schwarztee und gebe ein Gläschen Schnaps dazu. Selbstgebrannter Schnaps ist das Mitbringsel der Bauern zum Alpaufzug, davon habe ich eine kleine Auswahl im Keller. Mit dem Tee-Schnaps-Gemisch rühre ich die Kohle in einem Eimer zu einem dicken Brei an und gebe dann weiter von der Flüssigkeit dazu, bis ich etwa einen halben Liter Medizin habe. Mithilfe eines Trichters fülle ich damit eine leere Bierflasche. Nicht nur die Geiß wird sich wundern, auch für mich ist es eine kleine Herausforderung, dem Tier das Mittel zu verabreichen. Am liebsten würde ich vorneweg einen Schnaps trinken. Doch besser nicht, denn Alkohol mildert bereits in kleinen Mengen meinen Geist und könnte mich von dem Vorhaben abhalten. Außerdem fordert die Aktion meine ganze Aufmerksamkeit. Im Stall packe ich ohne jedes einleitende Wort, sozusagen im Überraschungsangriff, die Geiß. Zwischen meinem rechten Oberarm und dem Brustkorb klemme ich ihren Kopf fest ein – wie die Schweizer wohl zu Schwitzkasten sagen? Dem Tier bleibt nichts anderes, als stillzuhalten, während ich beide Hände frei habe. Gegen den Widerstand der Kiefermuskeln öffne ich ihr das Maul so weit, bis der Flaschenhals hineinpasst. Und jetzt die Flasche tief in den Rachen schieben, damit das Tier beim Leeren nicht wählen kann, ob es die Medizin schluckt oder ausspuckt. Glucksende Geräusche aus der Ziegenkehle sagen mir, dass es gelingt. Als die Flasche leer ist, lasse ich das Tier frei. Wer von uns beiden jetzt erleichterter ist, kann ich nicht sagen. Da die Geiß über die Tannenzweige herfällt, als hätte sie darauf gewartet, nehme ich an, dass bei ihr alles in Ordnung ist.

Ich streiche dem Tier über den Rücken und sage »gut gemacht«. Ist sie doch eines der wunderbaren Geschöpfe, das aus Gras und Kräutern die Milch macht, aus der ich wiederum Käse herstelle.

Am Wochenende kommt besonderer Besuch. Und da möchte ich neben dem typischen Ziegenfrischkäse der Region, dem Tomme de

Chèvre, von den Einheimischen kurz Tommlini genannt, ein Knoblauch- und ein Kümmeltommlini anbieten. Und zum Dessert plane ich, Ziegenjoghurt mit frischen Himbeeren auf den Tisch zu bringen. Der Käse wird den beiden wohl schmecken, zumindest eine Sorte davon. Der Joghurt könnte etwas ungewohnt sein, weil Ziegenjoghurt nicht so fest wird wie der aus Kuhmilch. Aber sein Geschmack ist so köstlich, dass ich ihn mit der Gabel cremig schlage und morgens gerne über mein Müsli gieße.

Der Kümmel ist bereits im Glas. Auf meiner magersten und zugleich buntesten Weide wächst er zuhauf. Die markant verzweigten, etwa vierzig Zentimeter hohen Stängel erinnern mich stets an die Form, die ich als Kind allen Bäumen gab, egal ob mit Blättern, Früchten, einfach kahl. Ich finde, dass im Frühsommer bereits die feinen weißen Doldenblüten einen Hauch von Kümmelgeschmack in sich tragen. Spätestens die aus der Blüte gewachsenen Samen, auch wenn sie noch grün sind, verraten mir auf der Zunge – das ist Kümmel.

In meinen ersten Alpsommern fiel mir weder die Pflanze noch deren Samen auf. Vielleicht erkannte ich die Kümmelpflanze nicht, weil die Wiesen und Wegränder meiner Heimat nicht hoch genug liegen, als dass er dort wachsen würde. Vielleicht brauchte es einfach seine Zeit, bis ich den Zusammenhang zwischen dem Kümmelgewürz und dem Samen dieser grünen Stängel sehen konnte, die mit den Wochen immer brauner werden.

Bevor mir Kümmel auf einem Brötchen in der Stadt beggnete, hatte ich als Kind die kleinen, braunen Gebilde gesehen, ihren Namen gehört und sie als Wellensittich-nicht-wieder-Gesundmacher bewertet. Meine jüngste Schwester liebte, im Gegensatz zu mir, schon früh alle Tiere. Sie schmuste mit den Hasen und herzte ihre Katze wie ich meinen Teddybären. Und sie hatte einen Wellensittich. Sein Käfig stand auf dem Küchenschrank. Von dort aus hatte er zwar stets alles im Blick, war aber nur über einen Stuhl erreichbar und damit ein bisschen weg vom Geschehen – was mir gefiel. Nun, diesem Wellensittich ging es eines Tages nicht gut. Er saß morgens nicht auf seiner Stange und hatte keine Lust zu fressen. Mutters sichere Hand in Krankheitsfällen gab meiner Schwester winzige braune Körner, zu denen sie Kümmel sagte. Damit solle sie den Vogel füttern. Wie es sich im Einzelnen weiter ergab, weiß ich nicht. Nur dass der Wellensittich trotz der Medizin immer schwächer wurde, umfiel und nie mehr aufstand.

Heute weiß ich, dass Mutter mit dem Kümmel versuchte, dem Tier zu helfen für den Fall, dass mit seiner Verdauung etwas nicht in Ordnung gewesen wäre. Der längsgerippte Kümmelsamen regt nämlich Magen und Darm an, Verdauungssäfte zu bilden. Die wiederum helfen, Verkrampfungen in den Gedärmen zu lösen, entstandene Gase als Blähungen abgehen zu lassen, und fördern so den Stuhlgang. Ganz in diesem Sinne kaue ich nach einer Mittagsmahlzeit, die mir ungut im Bauch liegt, gerne einen Teelöffel Kümmelsamen.

Ich bin froh, dass die Tiere den wirkungsvollen Kümmel auf der Weide einfach mitsamt dem Gras fressen. Bei den Mutterkühen in meiner Herde unterstützt der Kümmelsamen die Milchbildung. Und ich bin froh, dass er auf der Weide wächst, die die Tiere als letzte abgrasen. So kann ich aus dem Vollen schöpfen.

Zum Ernten schneide ich die ganzen Pflanzen mit der Schere ab. Denn beim Versuch, sie abzubrechen, reiße ich in der Regel die möhrenförmige Wurzel mit aus. Ich hole die Stängel, wenn deren etwa drei Millimeter große Samen noch einen Hauch Grün zeigen. Beim Trocknen reifen sie weiter aus. Würde ich die Pflanzen schneiden, wenn die Samen braun und bereit sind abzufallen, verschwänden zu viele einfach im Gras. Zum Trocknen lege ich die Stängel auf ein helles Küchentuch, damit es die fallenden Samen auffängt. Und damit ich die feinen Rispenstängelchen, die beim Abpflücken leicht mit abbrechen, gut sehen und aussortieren kann.

Ich kenne Menschen, die den Kümmel als Gewürz und als Medizin so schätzen wie ich. Andere würden ihn maximal als Kümmelschnaps zu sich nehmen, aber auch nur dann, wenn kein anderer Verdauungsschnaps im Hause wäre. Ihnen ist der Kümmelgeschmack zu eigenwillig und zu kräftig.

In früheren Zeiten war das anders. Da war der Kümmel den Menschen ein kostbares Gewürz, das vielfach ans Essen gegeben und zusätzlich zum Nachwürzen gereicht wurde.

Ich liebe den Kümmel als Gewürz zu frischem Ziegenkäse. Auch wenn es in der Gegend typischer ist, den Ziegenkäse mit schwarzem Pfeffer zu bestreuen. Und im Brot schmeckt er mir. Wenn ich es selber backe, dann am liebsten mit den drei Gewürzen Kümmel, Fenchel und Koriander. Im oder auf dem Käse mag ich auch den Geschmack von Kreuz- oder Mutterkümmel sehr gerne. Er soll die Stammform unseres Wiesenkümmels sein und gedeiht in wärmeren Gegenden.

Samstag. Die Käsegötter waren wohlwollend. Der Käse ist gelungen. An so heißen Tagen wie zur Zeit ist das nicht immer der Fall. Seit vorgestern liegt er im Keller. Ich finde ihn am leckersten am zweiten oder dritten Tag nach der Herstellung.

Nachher hole ich Himbeeren, damit sie zum Abendessen ganz frisch sind. Himbeeren pflücke ich im Gegensatz zu Heidelbeeren sehr gerne. Gegen ihre Dornen schütze ich mich selbst in der Augusthitze mit einer langen Hose. Dafür sind die Sträucher hoch gewachsen, sodass ich mich beim Pflücken nicht zu bücken brauche. Und die Früchte sind dicker und süßer als Heidelbeeren. Zudem liegt meine alpeigene Himbeerplantage nur etwa zweihundert Meter von der Hütte entfernt auf einer Lichtung. Sie hat sich selber dort angelegt, wo ein Sturm eine große Waldfläche zu Fall gebracht hatte.

Ich genieße die Pflückarbeit auf dem sonnendurchfluteten Flecken Erde, Lasa in meinem Schatten. Durch das stachelige Gestrüpp ist es ihm ausnahmsweise wohl zu mühsam, eigene Wege zu gehen.

Beim Hochheben der sich neigenden Äste mit den schönsten Beeren fällt mir auf, dass sich hier und da das Grün in den Blättern schon zurückgezogen und einem Gelb mit braunen Flecken Platz gemacht hat. Während ich gedankenverloren eine Beere nach der anderen in meinen Becher lege, fällt mir ein, dass ich es im Frühling verpasst habe, junge Himbeerblätter zu holen. Sie hätten gut in den Frühlingssalat gepasst, wo sie doch so reich an Vitaminen und Mineralstoffen sind.

Nach weniger als einer Stunde bin ich mit meinem vollen Ein-Liter-Gefäß wieder zurück. Unter dem Druck meines selbst geschnitzten Kartoffelstampfers zerfallen die reifen Früchte, während der fruchtige, süße Himbeerduft meine Geruchsnerven kitzelt. Obwohl die Früchte sich leicht zerdrücken lassen, fällt mir mit dem Holzstampfer in der Hand stets ein Stabmixer ein. Dieses Haushaltsgerät würde ich mir sofort zulegen, wenn ich genügend Strom dafür zur Verfügung hätte. Frisches Himbeermus, leicht gezuckert, schmeckt einfach himmlisch – finde ich beim Ablecken des Stampfers. So lecker, dass ich den größten Löffel aus der Besteckschublade durch das Mus ziehe, mich damit auf die Veranda setze und ihn genüsslich abschlecke.

Lasa zu meinen Füßen hebt den Kopf, orientiert sich kurz und bellt aus vollem Halse. Seine Blickrichtung ist eindeutig, mein Griff nach seinem Halsband auch. Lieber nicht losstürmen und ihn die Neuankömmlinge begrüßen lassen, vielleicht haben sie Angst vor Hunden. Sein Bellen ist so laut, dass es in meinen Ohren rappelt und ich »Schweig!« brülle. Das hätte ich mir sparen können, denn in Anbetracht nahender Menschen kann Lasa nicht schweigen.

Die großgewachsene Gestalt, die unten aus dem Wald tritt, ist Norbert. Rechts neben ihm läuft eine kleinere Person. Norbert, ein guter Freund aus Studientagen, ist im Norden seiner großen Liebe begegnet, einer Hamburgerin. Ohne nachvollziehbares Erbe weder väterlicher noch mütterlicherseits, liebt sie die Berge über alles. Sogar so sehr, dass ihr schon immer vorschwebte: Wenn heiraten, dann nur einen Tiroler. Unterdessen ist sie im vierten Monat schwanger und hoffentlich bereit, von ihrem Wunsch abzulassen, so erzählte es mir Norbert. Die Idee meines Freundes ist, dass er seiner Angebeteten gerne den Heiratsantrag in den Bergen machen würde. In dem großen Augenblick soll die Alpkulisse, wenn auch nicht die Tiroler, ihm den Rücken stärken und sie glücklich machen. Als er mich fragte, ob er mit seiner Freundin für zwei Tage eigens zu diesem außergewöhnlichen Anlass zu mir auf die Alp kommen könnte, sagte ich natürlich zu. Es soll eine Überraschung für seine Freundin werden, zu deren Gelingen ich gerne das Meine gebe.

Zum Abendessen ist die Küche im Schein zweier Kerzen erfüllt von einer Atmosphäre, die, wenn ich den Papst erwartete, nicht heiliger sein könnte. Als die beiden kichernd die Treppe herunterkommen, verkneife ich mir die Frage, ob der große Augenblick denn nun schon da war.

Zu gerne hätte ich den üppigen Stockrosenstrauß aus dem Garten – die spärlich nachgewachsenen Blümchen auf der Weide sitzen allesamt auf kurzen Stängeln – noch reicher gemacht mit ein paar Myrtenzweigen, wenn ich welche hätte. Myrthe ist in den Mittelmeerländern zu Hause und schmückte seit jeher festliche Tafeln. Und aus Myrte wurden Kränze für Helden und Bräute geflochten. Bei uns gilt die Myrte im Brautstrauß als Zeichen der Tugend. Und ein Myrtensträußchen am Revers des Mannes als Zeichen der Treue.

Auf der Suche nach einem vergleichbaren Alpkraut zog ich unterschiedliche Pflanzen in Erwägung. Eine davon war Wacholder. Ihn verwarf ich, weil er verstanden werden könnte als Symbol für den manchmal vielleicht auch stacheligen gemeinsamen Lebensweg. Auch Bittersüßen Nachtschatten als Zeichen für die Bandbreite des Lebens habe ich verworfen. Ich entschied mich für Schachtelhalm. Möge seine Leichtigkeit in ihrem Leben immer einen Platz finden.

Als ich die Käseplatte mit den Spezialitäten auf den Tisch stelle, fragt die angehende Braut, ob das Rohmilchkäse sei. Ich bejahe stolz in Erinnerung an meine Freundin Franziska, die keinen Käse isst, dessen Milch vorher zum Pasteurisieren erhitzt worden ist. Es tut ihr leid, aber dann kann sie den Käse nicht essen, weil Schwangere keinen Rohmilchkäse essen sollen, weil ... Die Erklärung rauscht ungehört an meinen Ohren vorbei, während ich »so was Blödes« in meinem Hals ummünze in »so schade«. Aber den Joghurt zum Nachtisch, die Milch dafür ist erhitzt worden, den kann sie essen. »Und Kümmel kann ich dir auch ohne Käse geben – zur guten Verdauung für dich und euer Kind.« Mein Gegenüber bedankt sich freundlich, ist sich aber sicher, dass ihr das Essen auch ohne Kümmel bekommt.

Am nächsten Morgen machen sich die beiden Hand in Hand auf den Weg nach Hause. Aus Norberts Augenzwinkern zum Abschied schließe ich, dass seine Freundin den Antrag auf ein Leben Seite an Seite angenommen hat.

Dinkelbrot mit Kümmel, Fenchel und Koriander

1 kg Dinkelvollkornmehl
1 Pck. Frisch- oder Trockenhefe
2–3 TL Salz
je 2 TL Kümmel, Fenchel und Koriander, gemahlen
3 EL Obst- oder Weinessig
950 ml lauwarmes Wasser
Sesam oder Haferflocken für die Form

Dieses Brotrezept habe ich besonders gerne, weil der Teig nicht aufgehen muss, bevor er in den Ofen kommt, und weil ich den Ofen nicht vorzuheizen brauche.

Auf das Mehl in einer Schüssel gebe ich der Reihe nach alle Zutaten und verrühre sie mit einem Holzlöffel. Man kann auch einen Handmixer verwenden. Es entsteht ein weicher, fast flüssiger Teig. Zwei Kastenformen (30 cm lang) fette ich mit wenig Öl ein, streue sie mit Sesam oder Haferflocken aus und verteile den Teig darin.

Die Formen kommen in den kalten Backofen auf die zweitunterste Schiene (Ober-/Unterhitze, keine Umluft) und die Temperatur wird auf 210 Celsius eingestellt. Nach 15 Minuten Backzeit schneide ich das Brot mit einem spitzen Messer der Länge nach ein. Damit die Oberfläche gleichmäßig backt, achte ich darauf, den Schnitt von Rand zu Rand zu machen, nicht nur in der Mitte des Laibes. Das Brot noch 1 Stunde backen lassen. Danach aus dem Ofen nehmen, aus der Form stürzen und auf einem Rost auskühlen lassen.

Tipp: Die Gewürze gibt es im Handel mancherorts nur ungemahlen. Wenn sie mit der Getreidemühle nicht so fein werden wie gewünscht, verwende ich eine ausgediente elektrische Kaffeemühle.

Wacholder – erste Hilfe in fast allen Fällen

Wenn die Nadeln nicht so pieksen würden, hätte ich mein Töpfchen schnell voll. Mit der behandschuhten rechten Hand biege ich mir die Zweige so zurecht, dass ich mit der Linken die Beeren in den Achseln der kurzen Seitensprossen erreichen kann. Ganz ohne Nadelstiche komme ich nicht davon. Das ist so beim Wacholderbeerenpflücken. In ihrer Jugend waren die starren, spitzen Nadeln weich wie Blätter. Jetzt sind sie unnachgiebig und ich könnte meinen, ihre Aufgabe sei es, die Früchte, die sich stammnah gern in einem Nest zusammenkauern, zu schützen vor dem Zugriff von Menschen und Tieren.

Jetzt, nach der schon recht kühlen Nacht, genieße ich die wärmenden Sonnenstrahlen. Ich bin früh losgegangen, damit mir Zeit bleibt, Wacholderbeeren von den Sträuchern zu sammeln, die heute umgesägt werden. Nachher treffe ich mich nämlich mit drei Bauern und Franz hier auf der Weide zum Schwenden. Diese Arbeit gehört zur Alppflege und meint, die Bäumchen, Hecken und Sträucher, die sich selber auf der Weide angepflanzt haben, abzuschneiden oder abzusägen, damit die Weidefläche nicht verwaldet.

Mein Sammelauftrag ist groß. Drei Frauen haben mich gebeten, frische Wacholderbeeren für sie mitzupflücken. Trotzdem hätte ein kleineres Töpfchen auch gereicht. Es ist eben ein schöneres Gefühl, ein noch so kleines Gefäß randvoll zu sammeln, als in einem großen Gefäß nur den Boden bedeckt zu sehen. Während ich mehrere Büsche nach den kleinen blauen Früchten absuche, versuche ich abzuschätzen, wie viele die Hausfrauen wohl brauchen. Außer für Sauerkraut und die Gewürzmischung, die den eingelegten Braten zum Sauerbraten macht, fällt mir nichts ein, wofür sie ihn verwenden. Dafür sollte pro Haushalt eine Lage dick wie mein kleiner Finger genügen.

Aus meiner Kindheit kenne ich nur Wacholderbeeren im Sauerkraut. Im Gegensatz zu heute gab es das oft. An den großen

Familienfesten wie Kommunion oder Hochzeit immer. Ich vermute, es hatte damit zu tun, dass es über den ganzen Winter genügend Vorrat davon in den steinernen Gefäßen im Keller gab und dass es ein ebenso kostengünstiges wie schmackhaftes Gemüse war. Das Glas mit den Beeren in der Küche wurde so fleißig nachgefüllt wie der Salztopf oder der Pfefferstreuer. Beim Mittagessen legte ich fein säuberlich alle Beeren aus dem Kraut frei und platzierte sie am Tellerrand. Die ich dabei übersehen hatte, schmeckten so … so unangenehm süß, so dumpf-süß, dass ich mich schüttelte.

Ich erinnere mich aber nicht, dass wir Wacholderbeeren mit der Familie sammeln gingen etwa so wie Himbeeren oder Heidelbeeren. Vielleicht pflückte Mutter sie von den immergrünen Wacholderzweigen, die Vater im Advent mit uns schneiden ging, um damit zu Weihnachten den Hintergrund der Krippe als Wald zu gestalten. Der aromatische Geruch des frisch geschnittenen Holzes, gepaart mit dem Kerzenduft, das gehörte für mich zu Weihnachten.

Ich wähle nur die dunkelsten der blauen Beeren an jedem Strauch. Die grünen würden nächstes Jahr reif sein, wenn die Büsche stehen blieben. Bei jeder Frucht, die ich sehe, schätze ich, ausgehend von ihrer Farbe, ihren Reifegrad und damit ihren Geschmack ab. Da ist sie, die nachtschwärzeste Perle bis jetzt. Abgepflückt drehe ich sie zwischen Daumen und Zeigefinger und fühle, dass ihre Oberfläche nicht ganz ebenmäßig ist. Einen Augenblick halte ich inne, bevor ich die Beere in den Mund stecke. Zweimal schiebe ich sie von einer Backentasche in die andere, als gäbe es noch eine andere Lösung, als draufzubeißen.

Ich fange an zu kauen und schiebe schnell zwei weitere Beeren hinterher. Hilfe, welch ein Sattmacher. Trotz ihrer Reife schmecken sie herb, leicht süß, ein bisschen muffig. Kauen, schnell kauen und schnell schlucken. Der unverkennbare Geschmack bleibt weiter auf meiner Zunge und die Reste der Früchte kleben wie Rosinen in meinen Zähnen.

Drei Beeren reichen für heute. Gestern waren es zwei und vorgestern eine. Aber mehr als täglich drei ungefähr einen Monat lang zu essen, habe ich mir auch nicht vorgenommen. Die Kur beende ich mit zwei Beeren am zweitletzten Tag und einer am letzten. Mit Blick auf mein Vorhaben merke ich auch Widerstand. Dabei ist meine Wacholderbeerenkur harmlos gegenüber der, von der Vater mir schon manches Mal erzählte.

Als er Schulkind war, als noch acht Klassen in einem Raum gesessen haben, als es noch eine katholische und eine evangelische Klasse gab, machten im Spätsommer alle Schüler mit dem Lehrer eine Wacholderbeerenkur zur Blutreinigung. Sooft ich Vater frage, ob es wirklich stimmt, erzählt er von der dorfnahen, weitläufigen Wacholderheide, die fast bis zum Nachbardorf reichte. Dorthin habe die Klasse einen Spaziergang gemacht, Wacholderbeeren vor Ort gegessen und weitere gesammelt für die nächsten Tage zu Hause. Wenn der Vorrat aufgebraucht war, seien sie wieder losgezogen. Am ersten Tag aß jeder eine Beere, am zweiten Tag zwei, am dritten Tag drei ... am zwanzigsten Tag zwanzig. Ab dann ging es rückwärts. Am einundzwanzigsten Tag gab es neunzehn Beeren, bis herunter auf eine Beere am letzten Tag der Kur. Wie er das empfunden habe als Kind? Wieso alle das mitmachten? Und ob er die Beeren wirklich gekaut und nicht ganz runtergeschluckt habe wie eine Tablette? Auf meine Fragen antwortet Vater gelassen: »Das war einfach so.«

Auch Pfarrer Kneipp schreibt von dieser Kur, bei ihm geht es bis auf sechzehn Beeren pro Tag.

In Büchern steht, dass eine Überdosierung der Beeren die Nieren reizen kann. Wo genau das Übermaß liegt, darüber habe ich leider nichts gefunden. Und dass bei Nierenentzündungen und Schwangerschaft eine Wacholderbeerenkur nicht durchgeführt werden soll, heißt es. Weiter ist nachzulesen, dass die Beeren vor 500 Jahren als Allheilmittel galten, das Magen, Darm, Lunge und Blut reinigt, harntreibend wirkt und den Stoffwechsel anregt. In der Heilkunde schätzt man sie heute hauptsächlich wegen ihrer harntreibenden Wirkung. Das ist bestimmt auch der Grund, warum in manchen Kuranstalten die Menschen beim Abnehmen angehalten werden, täglich einige Wacholderbeeren zu essen, zum Entwässern.

Meine Beerenkur wird mir guttun! Diesen Gedanken bestätige ich mit einem Kopfnicken, als ich vor einem Strauch stehe, der mich beeindruckt. Seine schmale, aufrechte Gestalt ist zerfallen, der Stamm geborsten, sodass seine ausladenden Äste rosettenförmig um ein Zentrum angeordnet über dem Boden zu schweben scheinen. Alle Astspitzen haben sich senkrecht gen Himmel erhoben. Welche Lebenskraft in dem Gewächs steckt, das Jahre gebraucht hat, bis es zwei Meter hoch gewachsen war!

Einerseits bedauere ich, dass die Wacholdersträucher, die in manchen Gegenden unter Naturschutz stehen, heute hier fallen sollen. Andererseits sehe ich, dass Weideland gepflegt sein will. Das Gestrüpp aus Schwarzdornhecken, verwoben mit übermannshohen Fichten, Heckenrosen, ineinandergeschlungen mit Weißdornbüschen, und dazwischen Wacholder, das alles würde überhandnehmen. Von der anderen Talseite kenne ich ein Projekt: Eine Alpweide wurde brach liegen gelassen, um zu sehen, wie lange die Natur braucht, um sich einmal kultiviertes Land vollends zurückzuholen. Es dauert nur zwanzig Jahre.

Indessen höre ich Stimmen. Drei Männer sind im Anmarsch. Sie kommen von der Straße aus den Berg hoch. Zwei schultern je eine Motorsäge, der dritte trägt den Kanister mit Sprit und Öl für die Maschinen. Von oben höre ich bereits das gleichmäßige Tuckern des Schilters. Das ist mein Franz, mit seinem Bergtraktor. Da sind heute aber alle pünktlich.

Nach der Begrüßung zeige ich stolz das Ergebnis meiner Sammelarbeit. Dänu ist begeistert und meint, er will auch welche sammeln, um beim nächsten Räuchern dem Schinken das besondere Aroma zu geben. Das gefällt mir, die Bäume ein letztes Mal zu ehren, indem ihre Früchte geschätzt werden. Hansruedi fragt, ob ich sie in Schnaps legen will, um diesem den angeblich typischen Geschmack zu geben. Daran habe ich noch gar nicht gedacht.

Ich schaue in die Runde. Zwei der Männer tragen Helme und Ohrenschützer, Franz stützt sich auf eine Schwendschere – eine Art überdimensionale Gartenschere mit etwa einem Meter langen Schenkeln –, Urs hält eine langstielige Gabel, ich trage Lederhandschuhe. Ich liebe es, im fortgeschrittenen Sommer an ein oder zwei Samstagen mit den Männern hier draußen zu arbeiten. Obwohl es für mich einer der anstrengendsten Tage der Saison ist, ist Schwenden nicht nur Arbeit, sondern auch ganz etwas Besonderes: mit diesen Männern, an diesem Ort, auf das gleiche Ziel hinzuarbeiten. Jeder gibt sein Bestes, alle schwitzen, alle genießen das gemeinsame Picknick und den weithin sichtbaren Erfolg.

Mit den ersten abgeschnittenen Tännchen versucht Urs, an einem strategisch guten Platz ein Feuer zu entfachen. Er braucht etwas Geduld, bis das grüne Holz nicht nur qualmt, sondern brennt. Das Feuer ist unser Zentrum. Von hier aus wird rundum alles Holzige systematisch umgesägt. Meine Aufgabe ist es, das am Boden Liegende zum Feuer zu transportieren, wo Urs, unser Feuermeister, es mit der Gabel den Flammen übergibt. Anfangs geht es zügig, die Motorsägen sind geschärft, die Muskeln in Armen und Beinen morgenfrisch und meine Wege noch kurz. Das Feuer zischt und speit Funken bei jeder Fichte, die es entzündet, bis die Nadeln rotglühend zerfallen.

Weißdornbüsche zu Fall zu bringen, die sich als dornentragende Heckenbänder um große Fichten formiert haben, ist harte Arbeit. Zur Weidegewinnung muss alles weg. Ich helfe Hansruedi, sich astweise voranzusägen, immer tiefer in das verschlungene Gewirr bis hin zu den Stämmen.

Als meine Wege, das gesägte Holz zum Feuer zu ziehen, länger werden, bin ich froh, dass ich meine guten Bergschuhe trage. Sie sind zwar schwerer als die Wanderschuhe, geben aber mehr Halt in der unwegsamen Hanglage. Je höher die Sonne steigt, umso heißer wird es, in der Nähe des Feuers ist es unerträglich. Während ich schwitze wie ein Bär, stelle ich mir vor, dass die Flüssigkeit, die mich über die Haut verlässt, eine Reinigung von innen ist, ähnlich der Wacholderkur. Ich komme mir vor, als hätte ich Sauna, Solarium und Krafttraining, alles in einem, und das unter freiem Himmel. Ich Glückliche!

Vor der Mittagspause tragen Franz und ich die auf zwei Meter gesägten Fichtenabschnitte, die als Brennholz zur Hütte kommen, zum Bergtraktor und werfen sie auf seine Ladefläche. Doch in einem unachtsamen Augenblick quetsche ich mir den kleinen Finger zwischen einem fallenden Stammstück und der Kante der Ladefläche. Augenblicklich schießen mir vor Schmerz Tränen in die Augen. Es fließt kein Blut. Ich kann das oberste Glied des Fingers bewegen. Aber es tut schrecklich weh. Reflexartig stecke ich den Finger in den Mund. Wieso lässt der Schmerz nicht nach? Was kann ich nur tun, um mir Linderung zu verschaffen? Auf der Wiese suche ich nach einem Kraut, das ich pflücken, zerreiben und auflegen oder, besser noch, in das ich den Finger einwickeln könnte. Ich sehe keines. Ich weiß auch nicht, wonach ich suchen könnte, weil der Schmerz meine ganze Aufmerksamkeit in Anspruch nimmt.

Der Bach, schießt es mir durch den Kopf. Mit dem Finger im Mund laufe ich über die Weide, dann in den Wald und geradeaus zu der Stelle am Bach, die ich so liebe. Hier liegen riesige Felsblöcke, in Gestalt von drei Köpfen, die mit einem ganz milden Gesichtsausdruck auf mich herabblicken. Während ich die Hand ins eiskalte Wasser halte, fühle ich mich von ihnen gesehen und bestätigt in meinem Tun. Innerhalb kurzer Zeit kann ich den Schmerz nicht mehr lokalisieren. Die ganze Hand tut weh, diesmal vor Kälte. Doch das ist besser auszuhalten.

Vielleicht auch weil ich weiß, dass der Schmerz nachlässt, wenn die Hand wieder warm wird. Ich zwinge mich, die Hand noch einen Augenblick länger im Wasser zu halten und noch einen. Aber jetzt reicht es, sonst fällt sie mir ab. Unter meinem Hemd wärme ich sie kurz. Dann wiederhole ich die Kältebehandlung. Beim nächsten Aufwärmen vergleiche ich meine beiden Hände. Die gesunde ist lebendig, braun und warm. Die andere weiß, kalt und gefühllos. Und ist nicht der lädierte kleine Finger flacher und breiter? Ab ins kalte Wasser damit. In der Hocke sitzend, die Hand im fließenden Bach, wünsche ich inständig, meinem Finger möge nichts Nachhaltiges passiert sein. Und ich denke: Wasser, kühlendes Wasser, das beste »Kraut« bei Quetschungen – in diesem Augenblick, unter diesen Umständen, bestimmt.

Zurück am Holzplatz sind Urs und Franz erleichtert. Es ging vorhin so schnell, dass nicht mal Franz mitbekam, was passiert war. Als ich von meinem Finger erzähle, zu sehen gibt es nichts, reicht Franz mir mein Töpfchen mit den Wacholderbeeren. Ich solle eine kauen, das helfe bestimmt. Wie er denn da draufkomme, will ich wissen. Ich hätte ihm doch erzählt, dass Wacholder ein Allheilmittel sei. Süß – nicht die Beeren –, mein Franz.

Noch heute kann ich die gequetschte Stelle an meinem kleinen Finger als nicht ganz verheilte innere Wunde fühlen.

*Sauerkraut mit Wacholderbeeren,
wie Oma es machte*

Für 4 Portionen

750 g Sauerkraut
(2 EL Schmalz)
1 Zwiebel
¼ l Wasser
5 Wacholderbeeren
3 Lorbeerblätter
Salz
Zucker
1 rohe Kartoffel, geschält

Gewaschen oder gewässert wird das Sauerkraut nur, wenn es zu salzig schmeckt. Auf einem Brett ziehe ich das Kraut mit zwei Gabeln auseinander, um es aufzulockern. Oma würde jetzt das Schmalz in einem Topf zerlassen und dann das Sauerkraut mit der geschälten und klein geschnittenen Zwiebel, dem Wasser und den Gewürzen zugeben. Ich gebe alle Zutaten bis auf die Kartoffel ohne Fett in den Topf. Nach etwa 40 Minuten Kochzeit reibe ich die rohe Kartoffel in das Kraut und lasse alles noch mal kurz durchkochen. Die Kartoffel macht das Sauerkraut sämig.

Kamille – blühende Mutterliebe

Von der Stube aus gehe ich in die Speisekammer und werfe dabei einen Blick durch die offene Eingangstür nach draußen. Nichts. Mit leeren Händen komme ich zurück, ohne zu wissen, warum ich den Weg machte. Während ich nach draußen trete, geht mein Blick bergab. Nichts. Ich laufe die Treppe nach unten in den Keller. Was ich hier wollte, habe ich vergessen, und so gehe ich wieder nach oben. Dabei lasse ich das Stück des Fußweges nicht aus den Augen, auf dem er kommen müsste, und seufze schwer, ohne jede Erleichterung. Von der Veranda aus blicken meine Augen wie festgenagelt auf die Stelle, wo ich ihn so sehr zu sehen wünsche, wie er in weiten Sprüngen, hechelnd, die Zunge am Boden, angerannt kommt. Nichts.

Lasa, mein Hund, meine Wildsau, wo steckst du nur? Hoffentlich findest du den Weg nach Hause. Hoffentlich bist du noch am Leben. Vielleicht kann ich ihn mit meinen Augen nach Hause ziehen. Also starre ich weiter auf die Stelle, an der er wunschgemäß erscheinen soll. Gesetzt den Fall, ich sähe ihn im nächsten Augenblick, dann ... dann würde ich mich vor Glück wegwerfen.

Ute, koch dir einen Kamillentee. Ich bin froh, als mir das einfällt. Kamille wächst vor dem Hühnerhaus und im Garten. Sie sät sich alle Jahre von allein aus und wächst ohne mein Zutun. Die Pflanze bei den Hühnern ist die unwirksame Hundskamille. Die sieht zwar aus wie Kamille, riecht aber ein wenig nach Hundeurin. Daher ihr Name. Eindeutiger noch als ihren Geruch finde ich als Erkennungszeichen, dass ihre Blütenköpfchen innen ausgefüllt sind und nicht hohl, wie die der echten Kamille. Endgültig merkte ich mir diese Tatsache erst mit meiner Eselsbrücke: Kamille hohl – zum Wohl.

Die zuletzt erblühte große Kamillenpflanze im Garten hat sich zu einem prächtigen kleinen Busch entwickelt, indem sich ihr hellgrüner, fleischiger Stängel immer wieder verzweigte. Ihr Gesamtbild prägen fein gegliederte Blätter, die mehr aus Zwischenraum bestehen als aus Blatt. Dadurch wirkt die Kamille wie ein gelb-grünes, leichtes Federwerk. Sie hat nichts Verspanntes, Verkrampftes. Alles an ihr ist luftig und leicht. Ach, hätte ich gerade etwas von diesen Qualitäten. Oben aus dem Busch ragen dünne Stängel heraus, auf deren Ende das Gelb der Blüte umstrahlt wird von weißen Blättern – das Erkennungszeichen der Kamille.

Zuletzt habe ich vor etwa einer Woche die jung erblühten Köpfchen gepflückt. Regelmäßig suche ich den Sommer über die Pflanzen ab, um nur die schönsten und saubersten Blüten zu ernten. Jetzt haben eine Reihe Blüten ihre Hochzeit überschritten. Das gelbe Zentrum hat sich nach oben gewölbt, während die nicht mehr ganz weißen Randblütenblätter sich nach unten neigen. Die jungen Köpfchen schaue ich mir genau an. Manche Blütenblätter tragen nämlich auf ihrer Oberseite schwarze Punkte, die ich als Fliegenschiss werte. Und jede Blüte wende ich, um zu sehen, ob grüne Blattläuse unter dem Köpfchen sitzen. Solche Ansammlungen finde ich ein bisschen ekelig. Aber eine Läuseversammlungspflanze hat auch was Gutes. Die Tierchen dort können nicht am Gemüse sitzen. Als Einziges macht mir die Läuse sympathisch, dass sie plötzlich so schnell verschwinden, wie sie gekommen sind. Ganz anders als Schnecken, die den Garten permanent bevölkern.

Meine Bedingung ist klar, nur saubere Blütenköpfchen kommen in den Krug. Alle anderen gebe ich der Erde zurück. In der Küche übergieße ich die Blüten mit kochendem Wasser und nehme den Tee mit auf die Veranda zu meinem Lieblingsplatz. Von hier aus habe ich einen guten Blick über die Landschaft talwärts. Der Kamillenduft, der von rechts meine Nase streift, hat auch eine etwas muffige Nuance. Das habe ich schon immer so empfunden.

Als Kind sammelten wir Kamillenblüten am Rand der umliegenden Getreidefelder. Der Test, ob es sich um echte Kamille handelte, war stets, mit dem Daumennagel ein Köpfchen aufzuschlitzen und zu kontrollieren, ob es hohl war. Für manche Bauern gehörte die Kamille zum »Getreideunkraut«. Die wussten bestimmt nicht, wie gut solche Pflanzen helfen konnten, das Mineralstoffgleichgewicht im Boden zu erhalten oder Gifte abzutöten. Auf das Getreide wirkte sich die Kamille aus, indem sie das Wachstum und den Ertrag der Ähren förderte. Mit dem Einsatz von Kunstdünger und Spritzmitteln gegen Unkraut hat sich die Heilpflanze immer mehr zurückgezogen.

Bei Bauchweh gab es stets Kamillentee. Dabei unterschieden wir nicht zwischen Ober- oder Unterbauch, nicht zwischen Brechreiz oder Durchfall. Kamillentee half immer. Das machte seine krampflösende und beruhigende Wirkung. Vater hatte besonders viel Bauchweh. Deshalb trank er besonders viel Kamillentee. Sonntags, wenn er morgens Zeit hatte, im Bett zu bleiben, brachte Mutter ihm einen extra starken Aufguss. Nachdem er den getrunken hatte, legte er sich zehn Minuten auf den Rücken, genauso lange auf die rechte Seite, dann auf die linke und zuletzt auf den Bauch. Rollkur hieß das. Ich hatte ein genaues Bild davon, wie der Tee an allen Seiten im Bauch wirkte, und es leuchtete mir ein, dass es Vater danach besser ging.

Meine Zeit als junge Erwachsene verbinde ich eher mit Kamilledampf, der aus der Schüssel mit den überbrühten Blüten aufstieg und in alle Öffnungen meines Schädels kroch. Besonders in der Nase war mir das Dampfbad sehr unangenehm, wenngleich es hartnäckigem Schnupfen wirklich etwas entgegenzusetzen hatte. Das war die desinfizierende, entzündungshemmende Kraft der Kamille. Diese Eigenschaft mache ich mir auch gerne im Frühjahr zunutze, wenn ich mich beim Zaunreparieren am Stacheldraht verletzt habe und die Wunde nicht recht heilen will.

Den Tee jetzt trinke ich in einer ganz anderen Absicht. Ich wünsche mir Trost von meinem Schatz im Himmel, meiner Mutter, die starb, als ich vier Jahre alt war. Ich glaube, dass nur sie in ihrer

Weitsicht verstehen kann, wie mir gerade zumute ist. Der lateinische Name für Kamille ist nämlich *Matricaria recutita* früher *chamomilla*. *Mater* heißt auf Deutsch Mutter und *carus* bedeutet lieb. Was sollte meinem Seelenleid besser helfen als die Wärme und die Liebe dieses Wesens, das nicht mehr an die Erde gebunden ist. Wenn ihr Trost in Worten zu mir spräche, würde sie bestimmt sagen: »Mey kennd, äisch senn bäi dea«, mein Kind, ich bin bei dir. Diese Mutterliebe ist die feinstoffliche Qualität der Kamille, wie sie etwa in homöopathischen Mitteln zum Tragen kommt. Aber ich bin mir sicher, dass mein Tee sie auch hat. Während ich auf einem Kamillenköpfchen herumkaue, das aus Versehen beim Trinken mit in meinen Mund kam, erinnere ich mich an Lasa, als ich ihn zum letzten Mal sah.

Der Hund hatte nachts in der Küche unter der Bank geschlafen. Als ich die Tür nach draußen öffnete, wurde er für mich zum Schatten, der über die Türschwelle stürmte, um die Hausecke bog und in Hechtsprüngen, die mehr als doppelt so lang waren wie er selbst, den Berg hinunterflog. Neben meinem Ärger, dass ich ihn mit meinen Rufen nicht zurückhalten konnte, bestaunte ich seine Muskeln, seine Körperkraft, ähnlich der eines Raubtieres. Das ist er ja auch, und gerade sein Jagdtrieb ist es, der unser Zusammenleben auch anstrengend macht. Zum Beispiel hatte ich in Lasas erstem Sommer bei mir die Hasen eine Weile vor dem Hund geschützt. Ich baute ihnen einen Stall mit einem Auslauf, umgeben von Maschendraht. Als ich glaubte, die Hasen seien schlau genug, um bei Gefahr Unterschlupf zu finden, öffnete ich ihre sichere Welt, indem ich einen Holzklotz unter die Breitseite der Drahtkiste stellte. Beim Nachschauen, ob alles in Ordnung sei, fand ich Lasa in dem Hasenauslauf gefangen, wie auch immer er es angestellt hatte. Mit eingezogenem Kopf – um aufrecht zu sitzen, war das Maschenhaus nicht hoch genug – saß er zitternd in ungewollter Sicherheit, während die Hasen ihre Freiheit nutzten und sich anschauten, was es noch alles auf der Welt gab.

Ein anderer Hasenausflug endete ähnlich und doch viel tragischer. Der Hund hatte sich wieder selber im Hasenhaus gefangen, nur lag neben ihm ein toter Hase. Ohne dabei gewesen zu sein, als es passierte, war ich mir sicher, dass Lasa ihn als Beute erkannt und getötet hatte.

Seinen Jagdtrieb kann ich schnell vergessen, wenn er mich mit seiner Schnauze so lange anstupst, bis ich bereit bin, mit ihm zu spielen. Und wie er sich dann freut. Ich würde ihm gönnen, dass sein rotierender Schwanz ihm Propeller genug wäre, um ihn abheben zu lassen. Wenn er das einmal schaffen würde, er würde unermüdlich Tag und Nacht üben, bis er die Technik sicher beherrschte. Und seine Augen, die ewige Treue versprechen, wenn ich ihn von seiner Laufkette losbinde. Er legt sich sogar vor meine Füße, schläft ein und hat nichts dagegen, wenn ich ihn als angewärmten Fußschemel nutze. Das alles ist Lasa.

Vorgestern hatte er bestimmt den Duft einer schönen Hundefrau in der Nase, der ihm die Sporen gab. Eine läufige Hündin riecht der Kerl über Kilometer. Und dann gibt es nur eines, so schnell wie möglich rennen, um Erster zu sein. Das ist Evolution. Lasa scheint mir ein besonders stürmischer Liebhaber zu sein, im Gegensatz zu meinem geliebten Gold-Rufus, seinem Vorgänger, der in dieser Angelegenheit viel gelassener war.

Da der Hund meistens von allein zurückkam, ließ mich auch vorgestern hoffen, er sei bald wieder da. Am späten Nachmittag dann traute ich mich nicht mehr aus der Hütte. Ich könnte ja das Läuten des Telefons überhören. Es wäre nicht das erste Mal, dass ein Anruf von einem Bauernhof auf der anderen Seite des Hausberges kommt, ich solle meinen Hund abholen. Einmal rief sogar ein Wildhüter aus einer weiter entfernten Ecke des Kantons an, er halte meinen Hund fest. Für solche Fälle trägt er meine Telefonnummer am Halsband und seine Hundepassnummer unter der Haut seiner rechten Schulter.

Damit ist er überall als mein Hund zu erkennen und wird seinen Weg zurückfinden, tröste ich mich, als ich den letzten Schluck Kamillentee trinke.

Gestern Abend, als ich ihm eine Handvoll Hundeleckerli vor die Tür legte, damit er sich willkommen fühlt, wenn er in der Nacht nach Hause kommt, spürte ich neben aller Sorge auch Wut über das Biest. Ohne jeden Hinweis auf sein Verbleiben habe ich heute den Hund beim Wildhüter, bei der Krämerin im Dorf, meinen Nachbarn und der Tier-Registrierung als vermisst gemeldet. Tief in mir spüre ich gerade gar keine Hoffnung, ihn wiederzusehen. Ich koche mir noch einen Kamillentee. Die Hälfte davon trinke ich. In die zweite Hälfte tauche ich meine Hände und streiche mir mit den tropfnassen Teefingern durchs Haar. Das mache ich, seit meine Deckhaare im Sommer von der Sonne nicht mehr so blond werden wie noch vor Jahren. Die Kamille hilft, den hellen Effekt wieder herzuzaubern. Und es tut gut, mir selber über den Kopf zu streichen – mir selber Mutter zu sein, die mich tröstet.

Augentrost – Trost zum Abschied

Ich winke, mit der Hand auf Schulterhöhe, winke verhalten. In mir fühlt es sich an, als könne es nicht sein. Mehr erstaunt als resigniert. Mein rechter Arm streckt sich hoch zum Himmel und ich winke nun mit kräftigen, ruhigen Gebärden wie mit weitem, einseitigem Flügelschlag. Je größer der Abstand zwischen mir und den Schlusslichtern des Anhängers wird, umso wilder wird meine Armbewegung. Und als ergebe es Sinn, hebe ich auch den linken Arm und lege all meine Kraft in die Abschiedsgebärde. Sie haben nicht zurückgewunken, keine Abschiedsworte gesprochen und nicht geweint – weder die Rinder noch die Kühe noch die Kälber. Was die Tiere wohl empfinden beim Abschied vom Alpsommer?

Als Wesen des Augenblicks haben sie es hingenommen, dass wir sie heute Morgen im Nieselregen schon früh in den Stall getrieben haben, obwohl sie bestimmt noch gerne zu Ende gefrühstückt hätten. Beim Anbinden waren sie unruhiger als sonst. Ungeduldig machten sie sich über das Heu im Trog her. Erst mit gefüllten Mäulern wurden sie ruhig im Stall. Als gäbe es nichts Wichtigeres auf der Welt, schoben achtunddreißig Tiere ihren Unterkiefer in einer gemächlichen Wellenbewegung von links nach rechts, und von rechts nach links und wieder zurück. Auf mich übertrug sich ihre Ruhe an diesem besonderen Morgen nicht. Dass ich mich mehr beeilte, als nötig gewesen wäre, merkte ich daran, dass ich nur einen kurzen Augenblick innehielt, um die Geräusche wahrzunehmen, die dazugehörten. Das feine Knistern der Büschel Heu, die mit jedem Zungenschlag ein Stück mehr in den Mäulern verschwanden. Das Knirschen der Zähne beim Mahlen. Hie und da der Schlag eines Klöppels gegen die Glocke. Das metallene Aneinanderreiben der Kettenglieder. Ich bin mir sicher, es hätte wie Musik geklungen, wenn ich mir Zeit gelassen hätte, sie entstehen zu lassen.

Trotz des Nebels, der das Auge nicht weit schauen ließ – oder gerade deshalb –, sah die Herde so schön aus, als alle Tiere zwischen dem Stall und vor dem verschlossenen Gatter am Brunnen darauf warteten, dass etwas geschieht. Geputzt vom Regen der letzten Woche und jedes geschmückt mit einer roten Schleife aus Krepppapier an seinem Glockenband, hätte ich sie der Reihe nach küssen mögen.

Dass dann die Tiere in einem wilden Galopp die Bergabrichtung nicht immer im Auge hatten, konnten auch die hinterherrennenden, Stöcke schwingenden Menschen nicht vermeiden. Was für Außenstehende vielleicht mehr nach Treibjagd als nach Alpabzug aussah, das habe auch ich zwischendurch so empfunden.

Nachdem die Weide überquert war, die Tiere alle Engpässe, alle Gatter hinter sich gelassen hatten, liefen sie das letzte Wegstück auf der Teerstraße in geordneten Bahnen, ganz vorbildlich. Und beim Verladen in die Anhänger der Traktoren hat kein Tier sich blöder angestellt, als seine Angst groß war.

Dass unsere gemeinsame Zeit zu Ende geht, habe ich ihnen in den letzten Tagen ins Ohr geflüstert, ihnen erzählt und gepredigt. Da ich mir sicher bin, dass es mir schwerer fällt, sie gehen zu lassen, als umgekehrt, waren meine Worte mehr für mich denn für das Vieh.

Und jetzt sind sie weg. Die Rinder sind auf dem Weg nach Hause, denke ich, als ich meine Arme sinken lasse. Noch fühle ich mich als Hirtin. Aber ohne Herde. Und jetzt? Nichts! Doch. Meine Füße sind kalt geworden in den Gummistiefeln. Und ich habe noch immer die Kapuze auf, obwohl es nicht mehr regnet. Ich schultere den leeren Rucksack, nehme den Wanderstock, der vorhin Treibstock war, und rufe Franz ein »bis später« zu. Er hat noch eine Verabredung mit dem Nachbarn. Ich mache mich auf den Weg zurück zur Hütte. Steil ist es, das geschotterte Wegstück, so steil wie immer. Obwohl es mich nicht sonderlich anstrengt, nach den vielen Malen runter- und wieder hochgehen in den vergangenen Monaten, sind meine Schritte schwer.

Der gleichmäßige Rhythmus des Laufens tut gut. Es fühlt sich an, als kehre ein Stück Gelassenheit in meinen Körper und meine Seele zurück. Erst jetzt fallen mir die Mädesüß auf, die den Wegrand säumen. Ihr Duft scheint verströmt, aufgebraucht. Ihre Hochzeit gehört der Vergangenheit an. Bei dem Wachholder mache ich Pause, mehr aus Gewohnheit als zum Verschnaufen. Ich denke an Lasa. Auf diesem Gang war er noch nie dabei. Die Rinder bergab treiben, das würde ihm gefallen. Aber den Getriebenen und den Menschen nicht. Das gäbe mehr Fehltritte und Aufregung als notwendig. Deshalb musste er bei allen Abtrieben eingesperrt in der Küche auf mich warten. Aber heute erwartet er mich nicht. Seit seinem Verschwinden habe ich nicht das kleinste Lebenszeichen von ihm bekommen. Er fehlt mir sehr, meine Wildsau, mein Lasa. Kein Hund, der mich am Morgen begrüßt, kein Hund, der mit mir läuft, egal in welche Richtung. Keine Hund, der mich nicht schlafen gehen lässt, weil er noch gestreichelt werden möchte. Das ist kein Leben ohne Hund auf der Alp.

Während meine Beine weiterlaufen, sind meine Gedanken schon an der Hütte. Der leere Stall, keine Rinder, keine Herde. Die Küche leer, kein Hund, der mich begleitet, beschützt, rettet – das ist zum Weinen. Ich weine. Ich bedauere mich. Ich verzeihe mir, dass ich mich bedauere. Einfach weiterlaufen. Einfach weiterweinen. Als ich die erhabene Stelle erreiche, den kleinen Hügel, aus dem ein Felsen wie die Rückenflosse eines Haies aus der Herbstweide ragt, wird mein Blick angezogen von zwei Augen, zwei kleine Blüten auf kurzem Stängel. Eine von Rindermäulern übersehene Schönheit. Mit den ersten Sonnenstrahlen heute, die mein Gesicht von oben wärmen, strahlt mich das Augenpaar von unten an und ich lächele zurück. Welch ein Trost für meine Augen!

»Ja lua du da«, sage ich laut und meine: Wo kommt ihr denn noch her? Im August kenne ich den Platz als Versammlungsort einer ganzen Kolonie von Augentrost. Dort bleiben sie so lange, bis sie zwischen dem Mahlwerk der Rinder eine Verwandlung erfahren. »Ihr kommt mir gerade recht.« Auch stehend erkenne ich die dreizipflige, violett gestreifte untere Hälfte jeder Blüte und sehe darin große, schöne Wimpern. Jawohl, die Unterlippen sehen aus wie die Wimpern von Susanne. Auf diesen Namen hatte meine ältere Schwester ihre Puppe getauft. Und Susanne hatte echte Wimpern an ihren Augendeckeln. Mit einem hörbaren »klack« klappten ihre Lider mit den Wimpern zu, wenn sie hingelegt wurde. Und mit dem gleichen »klack« öffnete sie ihre Augen beim Aufrichten. Dass die Augen meiner Puppe immer offen waren und ihre Wimpern nur aufgemalt, fand ich blöd. So liebte ich insgeheim Susanne mehr als meine eigene Puppe. Ich nutzte jede Gelegenheit, um Susanne hinzulegen und hochzunehmen und wieder hinzulegen, während ich nur auf ihre Wimpern achtete. Schon beim ersten Mal, als ich dem Augentrost begegnete – es war sicher auf der Alp, denn ich kann mich nicht erinnern, diese Blumen als Kind gesehen zu haben –, erinnerten mich die Blüten an die Wimpern der Puppe.

Ich beuge mich hinab zu den beiden und sehe die kleinen Zipfel der weißen Blüte. Die blauvioletten Längsstreifen, sozusagen der Kern der Unterlippe, unterstreichen die Wimpernform. Die kurze Oberlippe ist von oben gesehen so in die Blüte des Pflänzchens integriert, dass meine Augen sie vernachlässigen. Erst auf den zweiten Blick nehme ich den gelben Punkt wahr. Das ist bestimmt eine Markierung für die Bienen, die anzeigt, dass hier die Eintrittspforte zum Nektar liegt, zum Honig.

Im Stillen frage ich die Pflanze, ob ich sie mit nach Hause nehmen darf. So richtig höre ich die Antwort nicht. Aber tief in mir weiß ich, dass sie mir gerne noch ein paar Tage dient für mein Wohlbefinden, meinen Frohsinn, meine Heiterkeit. Diese Qualitäten stecken nämlich in ihrem Namen, *Euphrasia*. Das *officinalis* dahinter bedeutet Heilmittel. Beim Pflücken spüre ich den kleinen Schmarotzer in dem Pflänzchen. Mit einem mehrfachen leichten Ruckeln der Hand lösen sich die Saugfüße der kurzen Wurzel von den Graswurzeln. An sie hat sich der Augentrost geheftet, ihnen entzieht er die Nährstoffe. Deshalb gedeiht die Pflanze nicht im Garten. Dort fehlt die Wirtspflanze, das Gras. Obwohl ich Schmarotzertum nicht zugeneigt bin, kann ich es dem Augentrost gönnen. Denn in diesem Augenblick nährt mich der Anblick der Blüten so, dass ich meine Augen nicht von ihnen lasse, dass ich sie mitnehmen möchte, um sie immer wieder anzuschauen. Mich nähren über das, was ich sehe. Mich nähren über meine Augen. Augenweide. Augenschmaus.

Ich pflücke die kleine Pflanze und streiche sachte mit den Blüten über meine geschlossenen Lider. Mein Gesicht entspannt sich, ich merke es am leichten Öffnen des Kiefergelenkes, was meinen Zähnen ihre Verbissenheit nimmt. Ich beobachte, wie sich ohne Anstrengung meine Lungen mit frischer Luft füllen, und ich lächele. Wunderbar, welch umfassende Wirkung dieser pflanzliche Trost für die Augen hat. Augentrost.

Wie wohl ein Augentrostbad den Augen tut, ob sie gerötet und geschwollen sind vom Weinen, von Rauch, Zugluft oder Kälte? Dazu übergieße ich das blühende Kraut mit kochendem Wasser und lasse es ein paar Minuten ziehen. Ich nehme das Grün heraus und siebe die Flüssigkeit durch einen Kaffeefilter – damit keine Partikel beim Baden ins Auge kommen – in eine Schüssel. Mit der Hand schöpfe ich von der lauwarmen Flüssigkeit und halte mein Gesicht darüber. Die gefüllte Hand lässt sich gut an die Augenhöhle anpassen, sodass das geöffnete Auge in dem heilenden Wasser baden kann. In der Position schließe und öffne ich das Auge mehrmals, damit die Medizin den Augapfel umspült. Eine andere Möglichkeit ist, das Augenwasser mit einer Pipette ins Auge zu träufeln. Bei Bedarf schnelle Hilfe bieten

Augentropfen aus der Apotheke. Sie gibt es zu jeder Jahreszeit in praktischen Einzeldosen.

Die schlimmsten Reizungen meiner Augen erlebe ich, wenn sie allergisch mit Jucken reagieren und ich anfange zu reiben. Und je mehr ich reibe, desto mehr jucken sie. Zuletzt ist meine Bindehaut so gereizt, dass es sich anfühlt, als hätte ich einen Fremdkörper im Auge. In solchen Situationen wirkt das Bad mit Augentrost Wunder.

Mit dem Pflänzchen in meiner Hand erreiche ich die Hütte. Als müsste ich mich vergewissern, wandern meine Augen durch den verlassenen Stall, schauen in die leere Küche. Es ist so ruhig, dass mir das Geräusch meiner Schritte laut vorkommt. Tut die Stille mehr gut oder eher weh? Auf der Veranda sitzend lasse ich den Blick über abgefressene Weiden schweifen. Ich lege die Füße auf die oberste Stange der Brüstung und streiche einmal mehr mit dem Augentrost über meine Augenlieder. Das Leben ist gerecht, denke ich. Alles geht vorbei. Das Schöne und das Schwere. Das Leben ist milde, denke ich und träume vom nächsten Sommer: von einem Stall voller Rinder. Von einer Hundedame, absolut standorttreu, bereits betagt, etwas müde, die überhaupt nie auf die Idee kommt wegzulaufen.

Nach diesem Ausflug in die Zukunft nehme ich ein Schnapsglas, fülle es mit Quellwasser und stelle das Augentrost-Pflänzchen hinein. An der Westseite der Hütte, der Sonnenseite des Nachmittags, gebe ich der kleinen Schönheit einen Platz auf der hohen Fensterbank. Hier kann ich dem Augentrost auf Augenhöhe begegnen. Und seine Heiterkeit annehmen, die mich trägt, heute, morgen, durch den Winter, den nächsten Sommer und durch mein Leben.

Großer Augentrost
Euphrasia officinalis
Seite 165

Mein kleines Kräuterlexikon

Augentrost, Seite 165
Die niedrige Gestalt mit den kleinen Blüten verleiht dem Augentrost etwas Unscheinbares. Seine Vorliebe, in größeren Ansammlungen zu wachsen, macht ihn auf trockenen Wiesen und Weiden trotzdem unübersehbar. Ich freue mich immer, wenn ich ab Juli bis in den Herbst hinein den weißen Blüten mit ihrem violett gezeichneten Rachen begegne. In der Küche findet die Pflanze keine Verwendung. Alle Ehre macht der Augentrost aber seinem Namen in der Naturheilkunde. Das ganze Kraut, aufgegossen und als Augenbad angewandt, lindert Bindehaut- und Lidrandentzündungen.

Bärlauch, Seite 27 *(Rezept S. 31)*
Dieser feuchtigkeitsliebende Frühlingsblüher wächst bevorzugt in lichten Laubwäldern und an Bachufern. Seine frischen Blätter können in der Küche überall dort verwendet werden, wo auch Schnittlauch oder Knoblauch passt. Ich habe ihn besonders gerne in Bärlauchbutter, die im Kühlschrank eine Woche lang frisch bleibt. Um ihn bis zu drei Monate haltbar zu machen, lege ich die zerkleinerten Blätter in Öl ein. Die ausgebackenen Blüten sollen delikat sein. Mit dem Erscheinen der Blüte verliert der Bärlauch seine Kraft, die Magen, Gedärme und Blut zu reinigen hilft. Giftig sind die Blätter aber auch dann nicht. Bei Unsicherheit, ob es sich wirklich um Bärlauchblätter handelt, Finger weg!

Brennnessel, Seite 83 *(Rezept S. 91)*
Mit dem ersten Grün im Frühjahr nimmt die Brennnessel zuverlässig ihr Terrain in Gärten, an Zäunen und auf Schuttplätzen ein. Solange sie jung ist, sammele ich die Spitzen, am liebsten mit Handschuhen und Schere. Aus dem gebrühten, klein geschnittenen Grün bereite ich ein schmackhaftes Gemüse zu, das unserem Spinat ähnelt. In kleineren und größeren Mengen habe ich die jungen Blätter auch gerne in Suppen und Eintöpfen. Sehr fein gehackt, weil sie dadurch ihre Brennkraft verlieren, ist sogar die frische Brennnessel gut zu essen – im Salat oder als Gewürz an Eierspeisen. Ihr Nutzen für die Gesundheit liegt darin, dass sie im Essen oder als Tee blutreinigend, blutbildend und harntreibend wirkt. Über längere Zeit genossen wirkt sich die Brennnessel positiv auf Rheuma und Gicht aus. Da die abgemähten oder abgefressenen Pflanzen schnell nachwachsen, sind junge Triebe bis in den Sommer hinein zu finden.

Eberesche oder Vogelbeere, Seite 45 *(Rezept S. 53)*
Ab September erfreue ich mich an den korallenroten Beeren der Eberesche am Wald- und Straßenrand. Ihre rohen Beeren sind, in kleinen Mengen gegessen, nicht giftig, jedoch so säuerlich bitter im Geschmack, dass nur die Vögel sie gerne haben. Die reifen, am besten einmal gefrorenen Früchte kann man dampfentsaften und den Saft unter Zugabe von Äpfeln zu Mus oder mit Apfelsaft zu Gelee kochen. Beide Varianten sind für mich weniger eine Leckerei als vielmehr kostbare Vitamin-C-Lieferanten. Der Beerensaft wirkt außerdem regulierend auf Darm, Blase und Menstruation.

Frauenmantel, Seite 125
Die ersten Blätter des Frauenmantels begegnen mir bereits im April auf Wiesen, Weiden und an Wegrändern. Und schon bald darauf trägt die Pflanze ihre unscheinbaren grüngelben Blüten. Da die Blätter steif sind, verwende ich sie nur jung und sehr fein geschnitten im Salat. Gedünstet kennt man sie als Bestandteil von Wildgemüse. Als Tee aufgebrüht, von dem man täglich zwei Tassen trinkt, sind sie hilfreich bei Frauenleiden. Etwa vor Periodenschmerzen, bei starker oder unregelmäßiger Blutung oder in den Wechseljahren empfiehlt es sich, den Tee über längere Zeit regelmäßig zu trinken.

Gänseblümchen, Seite 17 *(Rezept S. 23)*
Die weißen Strahlenköpfchen auf kurzen Stängeln zeugen bereits im Februar in Wiesen und Parks davon, dass es doch Frühling werden will. Blüten und Blätter, oder die ganze Blattrosette, ausgestochen und gewaschen, esse ich übers Jahr hinweg frisch im Salat oder fein gehackt auf dem Butterbrot. Gekocht schmecken Blüten und Blätter auch als Zugabe zu Gemüse und Suppe. Über längere Zeit gegessen oder als Tee getrunken wirken Gänseblümchen harntreibend und blutreinigend, außerdem fördern sie den Auswurf. Ein Tee aus den Blüten hilft Kindern zu gedeihen.

Gänsefingerkraut, Seite 34
Überall dort, wo der Boden verdichtet ist, wie auf Wegen oder an Wegrändern, finde ich im Frühling Ansammlungen von Gänsefingerkraut. Seine silbriggraugrünen Blattteppiche fallen in dem üppigen Grün auf, mit dem sich die Erde überzogen hat. Ab Mai trägt es gelbe Blüten, die sich bei Regen schließen. Frisch verwende ich nur die jungen Blättchen, fein geschnitten als Gewürz im Salat. Das blühende Kraut eignet sich aber den ganzen Sommer über als krampflösendes Kraut. Dazu kocht man es in Milch, trinkt die Milch und legt das Kraut auf die betroffenen Stellen wie Magen, Unterleib oder Waden. Kleine Stückchen der geputzten Wurzel, fleißig gekaut, helfen bei Zahnfleischbluten und Parodontose.

Giersch, Seite 26
In feuchten Laub- und Mischwäldern, an Zäunen, in Wiesen, an Waldrändern, unter Gebüsch und in Parkanlagen – der Giersch ist im Frühling vielerorts zu finden und macht auch vor Gärten nicht Halt. Seine jungen Blätter und Spitzen ergeben mit anderen Kräutern gemischt einen würzigen Salat. Er eignet sich als Suppeneinlage und vorzügliches Gemüse. Ich mische ihn dazu am liebsten mit Brennnesseln und Schlangenknöterich, alles etwa zu gleichen Teilen. Bei Gicht helfen seine zerdrückten und auf die betroffenen Stellen gelegten Blätter, die Schmerzen zu lindern. Zum gleichen Zweck empfiehlt es sich, den Salat über einen längeren Zeitraum kurmäßig zu essen. Allgemein fördert der Genuss von Giersch, ob frisch oder gekocht, die Verdauung.

Gundelrebe, Seite 57 *(Rezept S. 63)*
Bereits im zeitigen Frühjahr ist die Gundelrebe an ihren kleinen, hellvioletten Blüten unter Hecken, an Wegrändern und Mauern und am Fuß von Bäumen nicht zu übersehen. Wie die jungen Blätter eignet sich das ganze blühende Kraut wegen seines würzigen, kräftigen Geschmacks zum Würzen von Speisen. Ob in Eiergerichten, zu Weichkäse, in Suppen oder im Salat – ich verwende die Gundelrebe wie Petersilie. Und in meinem obligatorischen Frühlingssalat hat sie neben Brennnesseln, Löwenzahn, Scharbockskraut und Gänseblümchen ihren festen Platz. Bei regelmäßigem Genuss als Kraut oder als Tee wirkt die Gundelrebe Erkrankungen der Bronchien entgegen. Ins Badewasser gemischt hilft der Tee bei schlecht heilenden Wunden.

Hagebutte oder Heckenrose, Seite 50
Im Juni bewundere ich die flüchtigen, zerbrechlichen, hellrosa Blüten der Heckenrose an Wald- und Straßenrändern und in Feldhecken. Die aus den Blüten wachsenden Früchte tragen um die Kerne mit den Härchen ein Vitamin-C-reiches Fruchtfleisch. Um das zu erhalten, können die rohen Früchte entkernt werden. Diese für mich mühsame Kleinarbeit umgehe ich und koche die unversehrten Früchte, damit das Fleisch weich wird. Dann schlage ich die komplette Masse durch ein Sieb. Während Kerne mit Haaren zurückbleiben, landet das fein pürierte Fruchtfleisch im Topf. Das auf die eine oder andere Weise separierte Fruchtfleisch kann man nach Zugabe von Zucker zu Mus oder Marmelade kochen. Auch die gewaschenen Kerne und Schalen enthalten viel Vitamin C. Eine halbe Stunde gekocht und als Hagebuttentee getrunken, wirken sie leicht harntreibend.

Holunder, Schwarzer, Seite 47 *(Rezept S. 54)*

Holunder findet sich häufig in lichten Wäldern, Gebüschen, auf Kahlschlägen, Bauernhöfen und besonders am Rand von Bauerngärten. Der Busch hat zwei Hochzeiten: Im Juni verströmen seine Blüten ihren Duft und im August glänzen die reifen dunklen Beeren in der Sonne. Zu Sirup verarbeitet sind die Blüten ein beliebtes Getränkekonzentrat. Die ganze Blütendolde, in Pfannkuchenteig gebacken, wird unter dem Namen Holunderküchlein geschätzt. Als Marmelade habe ich die blauschwarzen Früchte zusammen mit geriebenen Äpfeln am liebsten. Zur Steigerung der Abwehrkräfte übergieße ich frische oder getrocknete Blüten mit kochendem Wasser, gebe einen Teelöffel Honig dazu und trinke den Tee, der auch schweißtreibend wirkt. Vom Beerensaft kann man in der Herbst- und Winterzeit täglich ein Schnapsglas trinken, er beugt Erkältungskrankheiten vor und hilft bei Nervenschmerzen. Roh gegessen führen die Früchte mitunter zu Erbrechen und Durchfall.

Kamille, Seite 159

Die echte Kamille mit ihrem hohlen, umstrahlten Köpfchen blüht von Mai bis August, in höheren Lagen auch länger. Früher wuchs sie häufig an Wegrändern und auf Getreideäckern. Heute suche ich sie am ehesten auf brach liegendem Land zwischen üppigem Wildwuchs. Im Garten habe ich sie angesät, um aus den frischen oder getrockneten Blüten Tee zu kochen.

Im Handel versteht man unter Kamille das gesamte getrocknete Kraut. Der Tee, schluckweise getrunken, lindert krampfartige Beschwerden im Verdauungstrakt und Magenschleimhautentzündungen. Ein Bad mit Kamillentee hilft bei der Wundheilung. Als Dampfbad, über Nase und Mund eingeatmet, wirkt die Kamille Schnupfen und Erkältung entgegen.

Klettenlabkraut, Seite 37 *(Rezept S. 43)*

Das Klettenlabkraut, bekannt wegen seiner Kugelfrüchte, die gerne am Pullover und im Hundefell hängen bleiben, wächst auf Äckern, in Weinbergen, im Gebüsch und an Zäunen. Ich nutze seine jungen, behaarten Triebe im April und Mai nur fein gehackt als Zugabe zum Salat wegen ihres Geschmacks. Dieser entfaltet sich erst nach einigem Kauen und erinnert mich an Erbsen, die ich so gerne habe. Dabei denke ich nicht an die schwach entschlackende Wirkung des Krauts, die auch für die Haut gut ist. Um sie mir zunutze zu machen, müsste ich öfter und mehr von den Spitzen essen.

Knoblauchsrauke, Seite 27

Das bis zu einem Meter hoch wachsende Kraut findet sich ab April unter Büschen, an Waldrändern und auf Schuttplätzen. Der beim Zerreiben eines Blattes frei werdende Knoblauchgeruch ist ein hilfreiches Erkennungszeichen. Da die Blätter schnell welken und durch das Trocknen ihr Aroma verlieren, verwende ich sie ausschließlich frisch. Wegen ihres leicht knoblauchartigen Geschmacks habe ich sie gerne zum Beispiel klein gehackt auf dem Käsebrot. Ihre ganzen oder zerkleinerten Blätter geben jedem Frühlingssalat eine milde Note, ohne vorzuschmecken. In größeren Mengen und regelmäßig gegessen fördert die Knoblauchsrauke den Auswurf und wirkt wurmtreibend. Äußerlich angewandt helfen die frisch zerdrückten Blätter bei der Wundheilung.

Kümmel, Seite 141 *(Rezept S. 149)*
Auf den Wiesen der Mittelgebirge und Gebirge kommt der Wiesenkümmel häufig vor. Nach der Blüte im Juni entwickeln sich seine Früchte, die ich als Gewürz nutze. Gerne habe ich den typischen Kümmelgeschmack aus den ganzen oder gemahlenen Körnern im Brot und zu Käse. Mancherorts werden die Blätter der noch jungen Rosette als Kohlersatz gekocht. Auch die Wurzeln der Kümmelpflanze kann man wie Gemüse zubereiten. Kümmeltee, gekocht aus zerdrückten Früchten, wirkt verdauungsfördernd. Einige Kümmelkörner, nach dem Essen gekaut, vertreiben und verhindern Blähungen.

Löwenzahn, Seite 73 *(Rezept S. 81)*
Mit seiner ebenmäßigen Blattrosette ist der Löwenzahn schon früh im Jahr unverwechselbar. Auf Wiesen und Schuttplätzen, an Wegrändern, in Gärten und Äckern finden sich ab Mai die farbintensiven gelben Blüten oft in großen Mengen. Da mir ein Salat nur aus den aromatisch bitteren Blättern nicht so mundet, mische ich sie mit anderen, mild schmeckenden Wildpflanzen. Die gleiche Mischung koche ich auch als Gemüse oder lege sie als Spinatersatz auf die Pizza. Wenn die Blätter größer, derber und geschmacksintensiver sind, verwende ich sie klein geschnitten zum Würzen von Suppen oder Gemüse. Die enthaltenen Bitterstoffe sind besonders gut für Leber und Galle. Im Frühjahr kurmäßig täglich gegessen, unterstützt der Löwenzahn die Blutreinigung und -bildung. Der getrunkene Presssaft hilft bei Rheuma und Gelenkbeschwerden.

Lungenkraut, Seite 32
Das Lungenkraut gehört zu den ersten Pflanzen im Jahr. In Laub- und Mischwäldern freue ich mich ab März an seinen besonderen Blütenfarben – Rot und Blau an einem Stiel. Die ganze Pflanze ist bewachsen mit derben Haaren. Deshalb schneide ich die Blätter oder das junge Kraut besonders klein, bevor ich es mit Scharbockskraut, Gänseblümchen oder Gundelrebe zum Salat gebe. Gekocht passen die Blätter auch in die Suppe oder als Zugabe zu Wildspinat. Das Lungenkraut, mit Wasser überbrüht, ergibt einen Tee, der sich bei Erkrankungen der Atemwege empfiehlt, aber auch bei Blasenschwäche und Durchfall.

Malve, Weg-Malve oder Käsepappel, Seite 101
Wie die meisten Malvenarten wächst die Käsepappel in Unkrautbeständen, auf unbebauten Plätzen, Schuttplätzen und bei mir sogar im Garten. Die langen Ausläufer der Pflanze sind ab Juni übersät mit blassrosa Blüten. Es gibt Rezepte, nach denen die jungen Triebe und Blätter als Gemüse gekocht werden. Das habe ich noch nicht ausprobiert, wegen der enthaltenen Schleimstoffe. An mir selbst konnte ich jedoch erfahren, dass diese sich gleich einem Schutzfilm auf die gereizten Schleimhäute meiner oberen Luftwege legten, nachdem ich das Kraut aufgebrüht und als Tee getrunken hatte. Mit seinen entzündungshemmenden Wirkstoffen unterstützt der Tee, bei Verletzungen als Bad angewandt, die Wundheilung.

Pimpinelle oder Kleiner Wiesenknopf, Seite 29 *(Rezept S. 30)*
Das aufrechte Kraut mit seinen rötlichen, kugeligen Blütenköpfchen wächst an trockenen und warmen Orten an Wegen, auf Wiesen und im Gebüsch. Ich verwende seine Blätter oder jungen Triebe nur im Frühjahr, bevorzugt frisch. Mit ihrem leichten Gurkengeschmack geben sie der Salatmischung eine besondere Note. In Öl, als Pesto haltbar gemacht, habe ich die jungen Blätter gerne als Brotbelag oder zu Nudeln. Die frischen Blätter können aber auch Bestandteil einer Kräutersuppe sein. Einen festen Platz hat die Pimpinelle in der Frankfurter Soße, einer kalten Kräutersoße. In der Kräuterheilkunde findet die ganze Pflanze, gebrüht als Tee, bei Störungen im Verdauungsapparat Anwendung, besonders bei Durchfall. Auch wegen seiner harntreibenden Wirkung wird der Tee geschätzt.

Quendel, Seite 109 *(Rezept S. 116)*
Der kleine, mit seinen rosa-lila Blüten ab Juli aromatisch duftende Quendel oder Wilde Thymian liebt trockene, sonnige Standorte. Hier wächst er gerne in größeren Ansammlungen. In der Küche verwende ich das Kraut die ganze Vegetationsperiode hindurch vorrangig als Gewürz im Salat. Wenn die Stiele anfangen zu verholzen, nehme ich nur noch die Blättchen. Meine Mutter gibt an alles gekochte Essen eine Messerspitze Quendelpulver und nutzt es als Gewürzkraut im Brot. Zum Trocknen sammele ich das voll erblühte Kraut, wenn es seine größte Kraft besitzt. Ein Tee aus dem frischen oder getrockneten Kraut wirkt fiebersenkend, entkrampfend und hustenlösend und ist somit ein gutes Mittel bei Erkältungen und Erkrankungen der Bronchien. Nach Hildegard von Bingen dient Quendel, regelmäßig gegessen, der allgemeinen inneren Reinigung und hilft bei Hautkrankheiten.

Sanikel, Seite 117
In Laub- und Nadelwäldern wachsen schon im Frühjahr die fünflappigen Blätter – ähnlich den Fingern einer Hand – des Sanikels. Die aufrechten, kahlen Stängel des Krauts tragen ab Mai weiße, köpfchenähnliche Blüten in mehreren Dolden. In der Küche findet die Pflanze keine Verwendung. Die zusammenziehende und heilende Kraft, die in den aufgelegten Blättern steckt, habe ich bei frischen oder schlecht heilenden Wunden erfahren. Der Tee aus den Blättern wird empfohlen bei Entzündungen des Magen-Darm-Trakts, bei Magengeschwüren und Durchfall.

Sauerampfer, Seite 20 *(Rezept S. 24)*
Der Sauerampfer tritt oft in solchen Massen auf, dass er im Juni mancherorts mit seinen rötlichen Blütenständen die Wiesen färbt. Wegen des hohen Vitamin-C-Gehalts und des angenehm säuerlichen Geschmacks gebe ich einige junge Blättchen des Sauerampfers schon im April an den Salat. In größeren Mengen roh gegessen schadet er jedoch der Gesundheit. Gebrüht verlieren die Blätter die meisten Säurestoffe und können Suppen und Gemüse reichlich zugegeben werden. In der Volksheilkunde dient der Verzehr der frischen Blätter hauptsächlich als Frühjahrskur zur Blutreinigung. Daneben regen sie die Verdauung an.

Schafgarbe, Seite 37

Auf trockenen Wiesen, an Weg- und Feldrändern wachsen schon im April um die verdorrte Schafgarbe vom Vorjahr herum junge, filigrane Blättchen. Diese, kräftig im Geschmack, gebe ich fein geschnitten in Salat und Quark oder lege sie aufs Butterbrot. Wenn ab Juni die robusten Blüten der Schafgarbe zu sehen sind, schmecken die Blätter etwas bitter. Dann nutze ich sie sparsamer auch als Gewürz an Suppen und Gemüse. Ein Tee vom blühenden Kraut, frisch oder getrocknet, hilft bei etlichen Frauenleiden: etwa bei schmerzhafter Periode, zu starken oder zu schwachen Menstruationsblutungen, bei Verspannungen im weiblichen Becken und bei Beschwerden in den Wechseljahren. Der Tee wird auch eingesetzt bei Magenschwäche. Außerdem wirkt er blutreinigend und blutdrucksenkend. Mit Schafgarbensud in Form von Bädern oder Umschlägen lassen sich Wunden behandeln. Die zerriebenen Blätter dienen als reinigende Gesichtsmaske.

Scharbockskraut, Seite 19

Das Scharbockskraut gehört zu den ersten Frühlingspflanzen. Auf feuchten Wiesen, in Laubwäldern, meist im Schatten und geschützt unter Bäumen, wachsen die Blättchen in dichten Teppichen. Sie sind bereits im März ein fester und köstlicher Bestandteil meines Salates. Gerne esse ich sie auch im Frischkäse und auf dem Brot. Es gibt Rezepte, nach denen die Blätter mit anderem Grün wie Spinat zubereitet werden. Die Stärke der Pflanze ist ihr hoher Gehalt an Vitamin C. Sie hilft außerdem bei Venenleiden wie Krampfadern und Hämorrhoiden. Wenn gelbe Sternblüten das glatte Grün zieren, soll man die Blättchen nicht mehr essen.

Schlangen- oder Wiesenknöterich, Seite 93 *(Rezept S. 99)*

Der Schlangenknöterich ist oft in großen Beständen auf feuchten Wiesen und in Gräben bis auf 1800 Meter Höhe anzutreffen. Ab Juni macht ihn seine walzenförmige, dichte, rosa Blüte unverwechselbar. Die Blätter können die gesamte Wachstumsperiode über roh oder gekocht gegessen werden, schmecken vor der Blüte jedoch am zartesten. Dem Variantenreichtum sind keine Grenzen gesetzt: gehackt über Kartoffeln, als Zugabe zu Gemüse oder in Suppen und Eintöpfen, auf Pizza, in Gemüsekuchen. Ich esse ihn am liebsten wie Spinat zubereitet und zu gleichen Teilen mit Brennnesseln gemischt. Für Heilzwecke wird nur die schlangenartig gewundene Wurzel verwendet. In kleinen Stücken getrocknet und als Tee aufgegossen hilft diese bei Durchfall.

Wacholder, Seite 151 *(Rezept S. 158)*

Fast überall in Europa ist der Wacholder mit seinen immergrünen, ins Bläuliche gehenden Nadeln zu finden. In niederen Lagen als schlanker, hoch gewachsener Baum, in hohen Lagen als bodennaher Zwergstrauch. An einem Strauch können gleichzeitig Blüten sowie grüne und blaue Beeren sitzen. In der Küche werden nur die blauschwarzen Früchte als Gewürz genutzt. Während ich sie im Sauerkraut mitkoche, lieben andere sie in Fleischgerichten, besonders zu Wild. Der Tee aus zerdrückten Beeren wirkt positiv auf den Verdauungstrakt, den Stoffwechsel und den Wasserhaushalt des Körpers. Eine Wacholderbeerenkur hilft, den Körper zu entwässern und zu entgiften sowie das Blut zu reinigen. Nierenkranke und Schwangere sollten vom Genuss der Wacholderbeeren absehen.

Wegerich, Seite 131 *(Rezept S. 139)*
Die einheimischen Arten des Wegerichs gehören zu den ersten Kräutern im Jahr. Ich unterscheide nur zwischen Spitz- und Breitwegerich. Während der Spitzwegerich auf Wiesen, Weiden und an Wegrändern zu finden ist, lässt sich sein breitblättriger Bruder auch auf Wegen, Sport- und Parkplätzen mit Füßen treten. Alle Wegericharten sind essbar. Am liebsten habe ich die noch zarten Blätter vor der Blüte, klein geschnitten im Salat. Zerkleinert und gekocht eignen sie sich auch als Gemüsebestandteil und Suppeneinlage. Im fortgeschrittenen Alter, wenn die Rippen an den Blätterunterseiten zäh sind, kann man diese wie bei Bohnen abziehen. Wegerichblätter haben eine große Heilkraft bei Wunden. Dazu werden sie saftig geklopft oder mit einem Nudelholz gepresst und dann aufgelegt. Ein zwischen den Fingern zerriebenes, aufgelegtes Wegerichblatt hilft bei Insektenstichen aller Art gegen Juckreiz und Schwellung. Der Spitzwegerich ist außerdem ein bewährtes Hustenmittel und findet sich in entsprechenden Teemischungen. Sein Saft kann auch direkt als Hustensaft dienen, ob im Handel erhältlich oder aus eigener Herstellung.

Wiesenkerbel, Seite 22
Was ab April auf Wiesen wächst und ausschaut wie das Kraut von Möhren, ist Wiesenkerbel. Nur in diesem jungen Stadium nutze ich die Blätter als Gewürz im Salat. Mit ihrem leichten Geschmack nach Petersilie eignen sie sich auch zum Würzen von Gemüse, Eierspeisen und Fisch. Ab Mai gibt es die hohen Stängel mit den weißen Doldenblüten massenhaft auf mit Jauche gedüngten Wiesen. Sowohl die Blätter als auch die Blüten des Wiesenkerbels ähneln nicht nur dem essbaren Kümmel oder der Wilden Möhre, sondern ebenso dem giftigen Wasserschierling. Deshalb nur nach eindeutiger Bestimmung essen! Das junge Kraut und die Blätter enthalten neben viel Vitamin C auch andere Vitamine.

Wiesenschaumkraut, Seite 39 *(Rezept S. 41)*
Zu den bereits im April blühenden Pflanzen gehört auf feuchten Wiesen das Wiesenschaumkraut. Seine jungen Blätter, wie die ganze helllila blühende Pflanze, schmecken scharf und eignen sich als Gewürz. Ich nutze die Blättchen frisch und gehackt zum Würzen von Salat und als Beilage zu Käse. Gekocht dienen sie mir als Pfefferersatz in Gemüse und Eintopf oder auch in Knödeln. Mit seinem Gehalt an Vitamin C fördert das Wiesenschaumkraut die Gesundheit, es wirkt blutreinigend und harntreibend.

Zitronenmelisse, Seite 65 *(Rezept S. 72)*
In unseren Breiten wächst die Zitronenmelisse wild in freier Natur. In Gärten und auf Balkonen ist sie ein verbreitetes, nesselähnliches Gewächs, das im Frühling ohne Zutun wiederkommt. Winzige Drüsen auf der Unterseite der Blätter enthalten ein Öl, das Zitronenduft und -geschmack verströmt. Ich gebe jeweils ein paar Blätter in den Salat. Oft dienen sie auch als essbare Dekoration auf Süßspeisen. Tee aus der frischen oder getrockneten Pflanze unterstützt die Magen-Darm-Funktion und wird bei Einschlafstörungen getrunken. Gegen Letztere findet die Zitronenmelisse auch Anwendung in Entspannungsbädern.

Nachklang

Liebe Leser

In meinem ersten Buch Alpsommer habe ich von meinem Sommerleben auf einer Alp in der Schweizer Bergen erzählt. Von meinem Leben mit Rindern, Ziegen, allerlei Kleintieren und den Arbeiten, die damit verbunden sind – im Rhythmus der Natur, ausgesetzt ihren zerstörenden und ihren schöpferischen Kräften. Als Heilpraktikerin in meiner Winterheimat sind mir die Erfahrungen, Ein- und Weitsichten des Sommers Quelle und Leitfaden für meine Arbeit mit den Menschen.

Im Laufe der Jahre nahmen die Kräuter hier wie dort einen immer wichtigeren Platz in meinem Leben ein und schon lange gebe ich mein Wissen darüber in Kräuterspaziergängen weiter. Erlebnisse mit dem kostbaren Grün sind die Grundlage für das vorliegende Buch.

Nach dem Erscheinen meines ersten Buches erfuhr ich durch Briefe, Telefonate und Mails, dass viele Menschen die Sehnsucht nach einem ursprünglichen Leben in sich tragen. Dass sie den Wunsch und die Hoffnung haben, in der Natur zu sich selbst zurück zu finden und dadurch, Heilung zu erfahren. Ich freue mich, dass ich mit meiner Art zu leben und darüber zu schreiben sie alle erreicht habe.

Wenn Sie mehr über meine Arbeit wissen möchten oder sich für Kräuterspaziergänge interessieren, nehmen Sie doch Kontakt mit mir auf. Informationen finden Sie auf meiner Webseite: www.utebraun.de.

Ihnen allen wünsche ich ein gutes Leben!

Ute Braun

Zum Weiterlesen

Bühring, Ursel: *Meine Heilpflanzenschule*, Stuttgart, 1. Aufl. 2009

Delaveau, Pierre: *Geheimnisse und Heilkräfte der Pflanzen*, Zürich/Wien, 2. Aufl. 1980

Dreyer, Eva-Maria: *Essbare Wildpflanzen Europas*, Stuttgart, 1. Aufl. 2010

Fischer-Rizzi, Susanne: *Medizin der Erde. Heilanwendung, Rezepte und Mythen unserer Heilpflanzen*, Baden, Neuaufl. 2005

Helm, Eve Marie: *Feld-,Wald- und Wiesen-Kochbuch. Sammeln, Zubereiten und Einkochen von Wildgemüsen und Wildfrüchten*, München, 17. Aufl. 2001

Henschel, Detlev: *Essbare Wildbeeren und Wildpflanzen. Sammeltipps, Verwendung, giftige Doppelgänger*, Stuttgart, 1. Aufl. 2002

Hertzka, Gottfried: *Große Hildegard-Apotheke*, Stein am Rhein, 11. Aufl. 2007

Hildegard von Bingen: *Heilkraft der Natur »Physica«. Das Buch von dem inneren Wesen der verschiedenen Naturen der Geschöpfe*, Übers. Marie-Louise Portmann, Stein am Rhein, 3. Aufl. 2009

Künzle, Johann: *Das große Kräuterheilbuch. Ratgeber für gesunde und kranke Tage*, Olten und Freiburg im Breisgau, 24. neubearb. Aufl. 1974

Lingg, Adelheid: *Das Heilpflanzenjahr*, Stuttgart, 1. Aufl. 2010

Pahlow, Mannfried: *Heilpflanzen-Kompaß*, München, 10. Aufl. 1987

Pahlow, Mannfried: *Wildgemüse-Kompaß. Die besten Wildpflanzen für Gemüse, Salate und zum Würzen*, München, Neuausg. 1986

Pukownik, Peter: *Hildegard-Almanach der Jahreszeiten*, Augsburg, 1. Aufl. 1994

Seymour, John: *Das große Buch vom Leben auf dem Lande*, Berlin, 2. Aufl. 2002

Spohn, Margot: *Was blüht denn da?*, Stuttgart, 6., rev. Aufl. 2010

Stumpf, Ursula: *Pflanzengöttinen und ihre Heilkräuter*, Stuttgart, 1. Aufl. 2010

Vonarburg, Bruno: *Gottes Segen in der Natur. Ein Handbuch der Naturheilkunde*, Stein am Rhein, 5. Aufl. 1987

Vonarburg, Bruno: *Natürlich gesund mit Heilpflanzen*, Aarau, 5. Aufl. 2001

Bildnachweis

Die Nummerierung der Bildtafeln erfolgt nach den römischen Ziffern I bis XVI.

Alle Fotos von **Ute Braun**, außer: **Margarete Lamby-Broening**: II o, u; III u; IV o, u links; V o; VI o; VII u; XI o links, o rechts; XII o links, u; XIV o; XVI o; **Sarah Bautz**: XI u rechts, u links; XII o rechts, **Rosel Bautz**: I; **Miriam Siewertsen**: V u; **Claudia Emmendörfer-Brößler**: VI u; XIV o rechts; **Tim Schanetzky**: XVI u.

Mit 23 Illustrationen von Marianne Golte-Bechtle.

Wolf-Dieter Storl
Mit Pflanzen verbunden
268 S., 69 Abb., €/D 14,95
ISBN 978-3-440-10332-6

Wolf-Dieter Storls Erlebnisse mit Heilkräutern und Zauberpflanzen

Für den „Pflanzenschamanen" Wolf-Dieter Storl sind Pflanzen Persönlichkeiten mit eigenem Wesen – es sind seine „pflanzlichen Verbündeten". Im Mittelpunkt stehen die Pflanzen, die sein Leben geprägt haben und denen er sich besonders nahe fühlt. Jede dieser Pflanzen hat eine ganz besondere Bedeutung und Geschichte für Wolf-Dieter Storl, die er uns hier mit vielen eigenen Erlebnissen angereichert erzählt. Für alle, die Natur und Leben aus einer anderen Sicht kennen lernen wollen.

www.kosmos.de/natur

Susanne Fischer-Rizzi
Mit der Wildnis verbunden
240 S., 275 Abb., €/D 29,90
ISBN 978-3-440-10932-8

Kraft schöpfen, Heilung finden

Wer fühlt nicht die Kraft, die uns umfängt, wenn wir den Wald betreten? Die Stille der Natur, unsere Sehnsucht nach Ursprünglichkeit und ein tiefes Durchatmen lassen uns Stress und Ruhelosigkeit vergessen.

Susanne Fischer-Rizzi ist in der Wildnis zuhause und schöpft aus dem Erfahrungsschatz nordamerikanischer Indianer. In zwölf Kapiteln zeigt sie unterschiedliche Wege auf, wieder mit der Natur in einen tiefen und erfüllenden Kontakt zu gelangen. Ein wundervolles Buch für einzigartige Naturerfahrungen.

www.kosmos.de/natur

Rudi Beiser
Tee aus Kräutern und Früchten

176 S., ca. 267 Abb., €/D 14,95
ISBN 978-3-440-12543-4

Teegenuss und Sammelfreude

Aus vielen heimischen Pflanzen lassen sich schmackhafte Tees herstellen. Sie sind Heilmittel, Lebensmittel und Genuss. Rudi Beiser stellt in seinem Buch Tee aus Kräutern und Früchten über 60 Pflanzen vor, die sich besonders gut eignen. Der Kräuterexperte gibt Anleitungen zum richtigen Sammeln & Trocknen und erklärt, wie man die Tees zubereitet und Teemischungen herstellt. Zahlreiche Tipps für Wildkräuterküche und Kräutergarten ergänzen die Pflanzenporträts.

www.kosmos.de/natur